TWENTY-FOUR SONGS AND ARIAS *in Spanish*

From XV to XXI Centuries

VEINTICUATRO CANCIONES Y ARIAS

en español, de los siglos XV al XXI

FOR MEDIUM - LOW VOICES

Edited by | Editado por
Investigación y Edición

PATRICIA CAICEDO

LATIN AMERICAN AND IBERIA VOCAL MUSIC COLLECTION N. 13

TWENTY-FOUR SONGS & ARIAS IN SPANISH FROM XV TO XXI CENTURIES. MEDIUM-LOW VOICES
VENTICUATRO CANCIONES Y ARIAS EN ESPAÑOL DE LOS SIGLOS XV AL XXI

ISBN 978-0-9817204-0-1
Paperback
MA0016
First Edition May 2024 / Primera edición, mayo, 2024

MUSIC COPIST / COPIA MUSICAL
Daniel Cristóbal

IPA TRANSCRIPTION AND IDIOMATIC TRANSLATION OF THE POETRY
Transcripción al alfabeto fonético internacional y traducción de la poesía
Pablo Willey-Bustos

BOOK TRANSLATION
Patricia Caicedo

DESIGN / DISEÑO
Patricia Caicedo

DERECHOS RESERVADOS PARA TODOS LOS PAÍSES A / ALL RIGHT RESERVED WORLDWIDE TO:

© MUNDO ARTS PUBLICATIONS, 2024
© Patricia Caicedo, 2024

www.mundoarts.com
E-mail: info@mundoarts.com
Phone US: +1-678-608-3588
Phone Spain: +34-696-144-766
Barcelona

ÍNDICE DE CONTENIDOS
TABLE OF CONTENTS

Presentando la Colección de Música Vocal Latinoamericana e Ibérica 1
Introducing the Latin American & Iberian Vocal Music Collection 21

Agradecimientos 3
Acknowledgments 23

Prólogo 5
Prologue 25

Notas sobre los compositores y obras 9
Notes on the works and composers 28

Poemas, traducciones y transcripción fonética 39
Poetry translation and Phonetic transcription 39

Partituras / *Sheet Music* 75

Bibliografía y Notas/ *Bibliography & Notes* 200

Índice de canciones/ *Song index* 201

COLECCIÓN DE MÚSICA VOCAL LATINOAMERICANA E IBÉRICA

Es con orgullo y alegría que Mundo Arts Publications presenta la Colección de Música Vocal Latinoamericana e Ibérica. Nació con el ánimo de contribuir a diversificar el canon y los currícula formativos de los cantantes líricos del mundo creando los recursos y facilitando el acceso a repertorios de gran calidad y belleza creados fuera del eje centroeuropeo.

Nuestra misión es contribuir a la preservación del patrimonio cultural latinoamericano e ibérico, decolonizando el canon y ayudando a formar intérpretes conscientes de la existencia de repertorios diversos al tiempo que les proporcionamos las herramientas que necesitan para interpretar y contextualizar las obras y sus creadores.

Es por esta razón que todos los libros de la colección, además de proporcionar las partituras, incluyen un estudio introductorio que contextualiza a las obras y a sus compositores y poetas. Este estudio se encuentra en español e inglés. También incluyen la traducción de las poesías al inglés y la transcripción al alfabeto fonético internacional de las mismas.

Todos estos recursos están pensados para hacer de la Colección de Música Vocal Ibérica y Latinoamericana una colección moderna y práctica que facilite el trabajo de maestros de canto y cantantes.

La colección se centra en la canción artística en español, catalán y portugués e incluye obras creadas a partir del siglo XIX hasta la actualidad, la mayoría publicadas por primera vez, razón por la cual, a pesar de ser de una gran calidad musical, son hasta ahora prácticamente desconocidas.

Demos la bienvenida a esta histórica colección que develará los tesoros de la música vocal ibérica y latinoamericana para el disfrute de los intérpretes y las audiencias del mundo.

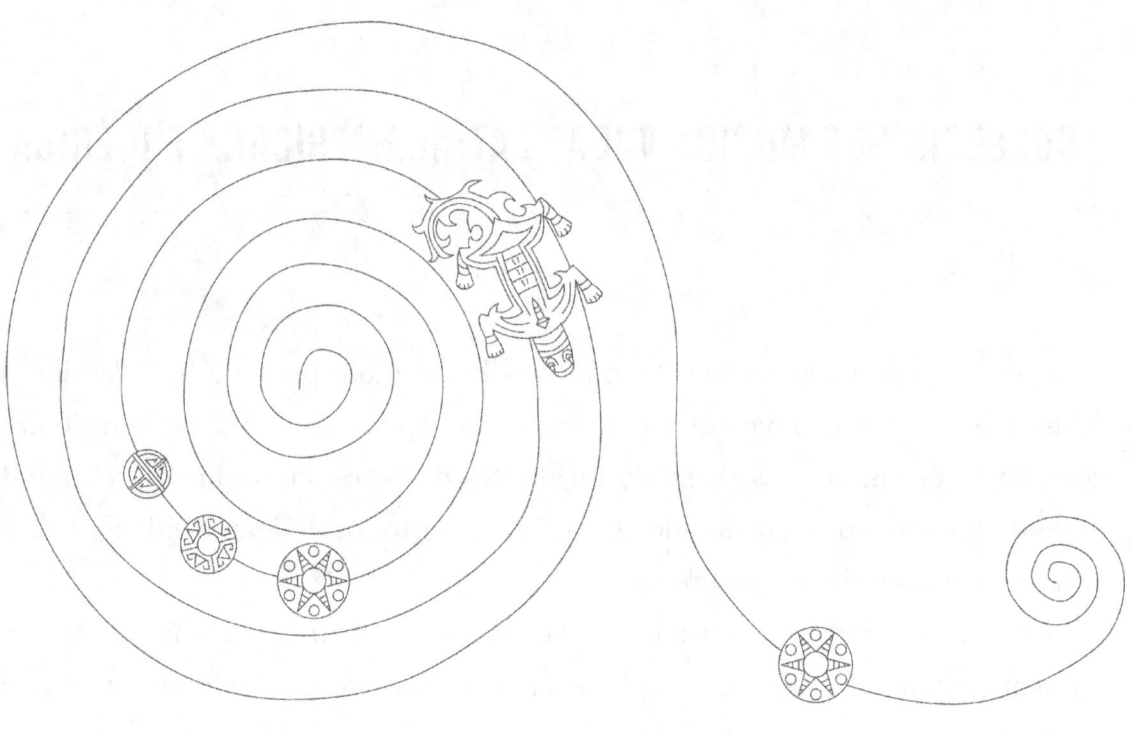

AGRADECIMIENTOS

Cuando se publicó mi primer libro, la Antología Crítica de la Canción Artística Latinoamericana, en 2005, no imaginaba el impacto que tendría, ni que sería el inicio de la Colección de Música Vocal Latinoamericana e Ibérica, que hoy cuenta con quince libros.

Publicar ese primer libro fue mi intento desesperado de hacer algo para ampliar el canon porque, en mi experiencia como cantante, era muy difícil encontrar partituras de canciones artísticas latinoamericanas e incluso más difícil abrir espacios para interpretarlas y promoverlas. Mi trabajo era una lucha constante por legitimar el repertorio y sus creadores entre programadores de conciertos, cantantes y profesores de canto que, imbuidos de paradigmas de pensamiento colonialistas y eurocéntricos, sugerían que este repertorio no tenía la misma calidad que el repertorio canónico, tristemente, el único que conocían. Además, cada vez que hablaba con profesores de canto, justificaban la falta de inclusión del repertorio debido a su falta de conocimiento sobre él y su ignorancia de la dicción de los idiomas. No estaban dispuestos a ampliar sus horizontes musicales con música que probablemente consideraban de menor calidad.

Sin embargo, poco a poco, a lo largo de estos veinticinco años, he visto una demanda social cada vez mayor para crear planes de estudio inclusivos y diversos, debido en parte a los cambios sociales que han hecho visible la existencia de paradigmas de pensamiento patriarcales y colonialistas que impregnan toda la sociedad y la academia, y que determinan nuestros gustos y juicios de valor. El crecimiento en cantidad e importancia de la población hispana en Estados Unidos también ha impactado positivamente este interés.

Así, parece que finalmente ha llegado el momento de apreciar y escuchar la música producida fuera del eje eurocéntrico, por hombres y mujeres, afrodescendientes, indígenas, por mencionar algunos de los grupos que han sido marginados hasta ahora. Esta inclusión solo puede ser positiva y requiere el apoyo activo de todos nosotros, un apoyo que trascienda las palabras y se convierta en acción y sonido. Así, para dar vida a esta Colección y particularmente a este libro, fue esencial el apoyo de muchas personas que creyeron y colaboraron en el proyecto.

Agradezco especialmente el apoyo de mi querido amigo, el talentoso tenor **Pablo Willey-Bustos**, antiguo participante del Barcelona Festival of Song y profesor de canto en Nazareth University y de dicción lírica en Eastman School of Music. Pablo realizó la transcripción fonética de las canciones y la traducción de las poesías al inglés. Contar con su respaldo fue fundamental, no solo por su aporte académico, sino también por saber que una nueva generación de cantantes ligados al *Barcelona Festival of Song* está comprometida con la preservación y promoción de este repertorio. Agradezco también enormemente el meticuloso trabajo del compositor **Daniel Cristóbal,** quien copió y revisó las canciones con ojos atentos al detalle.

También quiero agradecer a la pianista **Yamira Rodríguez** por facilitarme el acceso a **Sara Cecilia Neuman**, hija de Hans Federico Neuman, y a **Pedro Biava**, hijo de Pedro Biava. Agradezco al pianista **Masaru Sakuma** y a **Jaime Mendoza**, hijo del compositor boliviano Jaime Mendoza Nava, por brindarme acceso a su música. Además, agradezco a la musicóloga **Dra. Ketty Wong** por ponerme en contacto con la familia de Luis Humberto Salgado, y al pianista **Dr. Douglas Bringas** por presentarme la figura del compositor Fernando Soria y facilitarme su música, así como a la **Dra. Enid Negrete** por introducirme a la obra de Felipe Villanueva. Gracias a todos ustedes y a los descendientes de los compositores, hoy podemos disfrutar de estas hermosas canciones.

También agradezco a todas las personas que apoyaron este proyecto comprando el libro por adelantado. **Muchas gracias** por creer en mí y, sobre todo, por amar el repertorio latinoamericano e ibérico. Prometí incluir todos sus nombres en esta sección y lo hago con gusto y amor. Agradezco desde lo más profundo de mi corazón a *Sara Sparling, Stephanie Aston, Nicholas Stark, Logan Contreras, Violetta Zabbi, Bruce McClurg, Nicole Hanig, Craig Faulkner, Kyle Gonyea, Alonso Lopez, Demaree Brown, Walter Clark, Ryan Reithmeier, Darci Bultema, Liliana Guerrero, Clara Mansilla, Carles Duarte, Tuula Paavola, Carol Mastrodomenico, Noelle Carey, Frances Mitchem, Dashon Burton, Christine Graham, Rhys Thorn, Eriq Ayala, Natalie Cummings, Rebecca Castillo, Ho Eui Bewlay, Catherine Garner, Hannah Meloy, Elizabeth Sterling, Mary Wilson, Kimberly Prins, Michelle Quintero, Judith Dunlore, Darryl Taylor, Robert Rocco, Emily Truckenbrod, Claudia Landivar, Andrea Folan, Jacque Scharlach, Heather Holmquest, Mikayla Purcell-Bolha, Maria Valenzuela, Jenna Rae, Jill Lewis, Deirdre Welborn, Christina Wright-Ivanova, Matthew Valverde, Rivera, Eileen Downey, Pablo Willey-Bustos, Chelsea Whitaker, Paula Corbin Swalin, Ann DuHamel, David Grogan.*

Todos nosotros, amantes de esta música, esperamos que este libro sirva para difundir el trabajo de los compositores y que se escuchen más canciones en español en conciertos en todo el mundo. Un abrazo para tod@s!

Patricia Caicedo, Barcelona, 23 de abril de 2024

PRÓLOGO

El libro "24 Canciones y Arias en Español" constituye el volumen 15 de la Colección de Música Vocal Latinoamericana y Española, una compilación dedicada a sacar a la luz las canciones para voz y piano de los más destacados compositores latinoamericanos e ibéricos. Siguiendo la estructura característica de los otros volúmenes de esta colección, este libro proporciona partituras, un estudio introductorio que sitúa a los compositores y poetas en su contexto, transcripciones fonéticas al IPA y traducciones de los poemas al inglés.

Sin embargo, este volumen posee una particularidad que lo distingue. Como seguramente habrán notado los lectores, su título se inspira en el legendario libro "24 Italian Songs and Arias", publicado por primera vez en 1894. La popularidad y aceptación de esta obra icónica se debe, en parte, a la calidad y belleza de sus canciones, pero también al contexto sociocultural de la época. En aquel momento, la ópera italiana dominaba la escena musical entre las élites, siendo considerada como la cúspide de la música artística, determinando modelos estéticos que se exportaron y arraigaron en el resto del mundo, especialmente en las antiguas colonias.

Debemos recordar que en el siglo XIX se independizaron la mayor parte de las colonias americanas, iniciándo en cada país procesos de conformación de identidad nacional. Se crearon instituciones políticas y educativas y se instauraron curricula que ponían en el centro y arriba a la música y a los creadores Européos. La historia de la música europea pasó a llamarse historia de la música universal y en todo el mundo occidental se empieza un proceso de canonización de sus autores y obras que continúa hasta la actualidad. Este fenómeno cultural se reflejaba en la percepción de la música europea como superior, rotulándola como música artística al tiempo que las producciones de otras regiones se categorizaban como "folclóricas" o "populares". El surgimiento de las "24 Italian Songs and Arias" en este contexto histórico las convirtió rápidamente en herramienta central en la formación de cantantes líricos en todo el mundo.

El hecho de que en el siglo XXI la enseñanza del canto lírico se articule sobre el aprendizaje casi exclusivo de los repertorios en italiano, alemán y francés y que este libro continúe siendo la base de la formación de los cantantes líricos, evidencia un sesgo eurocéntrico que mantiene el curricula de los cantantes líricos anclado en las músicas producidas de los antiguos centros de poder al tiempo que ignora obras de gran calidad producidas, durante más de dos siglos, por cientos de compositores y compositoras del resto del mundo.

Es justamente, con el ánimo de contribuir a la descolonización de los curricula y a visibilizar un vasto repertorio y compositores del mundo hispanohablante que surge el libro "24 Canciones y Arias en Español", un recurso que busca llenar un vacío significativo, presentando un repertorio diverso que desafía técnicamente a los estudiantes de canto mientras ofrece textos y melodías hermosos.

Es significativo también que nos centremos en el repertorio en español. La segunda lengua más hablada del mundo, por sus características fonéticas y de dicción, el español se revela como un idioma especialmente adecuado para el canto, facilitando el legato incluso más que el italiano. Con tan solo cinco sonidos vocálicos, se convierte en una herramienta eficaz para la enseñanza de la técnica vocal, sin la complejidad de otros sistemas vocálicos como el francés, el alemán o el italiano, sólo por mencionar algunos.

El hecho de que esta lengua sea una de las más habladas del mundo contemporáneo tiene también impacto en la recepción de su música que es comprendida por intérpretes y audiencias, logrando el objetivo del arte, la comunicación. No es un secreto que las audiencias para la música clásica decrecen exponencialmente, por muchos factores que incluyen el hecho de que interpretamos un género percibido socialmente como anticuado. Este descenso está relacionado, entre otras razones, con el hecho de que la música clásica se ha quedado de alguna manera "anclada" repitiendo las mismas obras una y otra vez, a la manera de un museo que conserva las colecciones de artistas del pasado, dejando muy poco espacio para la ejecución de obras nuevas y para la emergencia de nuevos artistas. En este punto surge una oportunidad para repertorios "nuevos" como es el caso del repertorio de canción artística latinoamericana e ibérica y para los intérpretes contemporáneos.

Las obras incluidas en el libro abarcan varios siglos y estilos. Es importante destacar que todas fueron escritas utilizando las técnicas e instrumentación proporcionadas por la tradición de la canción de cámara europea, en la que se formaron todos los compositores. Sin embargo, a partir de finales del siglo XIX, con el surgimiento del movimiento nacionalista, que refleja la búsqueda de una identidad nacional, las canciones en cada país comenzaron a incorporar gradualmente más elementos de las músicas folclóricas locales, desarrollando así un estilo nacional distintivo. Este fenómeno se observó en todo el mundo occidental, dando como resultado canciones con una identidad más evidente sin abandonar completamente el modelo europeo.

Fenómenos similares se observan en las tradiciones de la canción artística de las antiguas colonias en Filipinas, Australia, Sudáfrica, Malasia, India, Israel, Turquía, entre otras muchas regiones. Estas regiones, influenciadas por sus contextos culturales e históricos únicos, han desarrollado sus propios estilos de canción artística que combinan elementos de la música folclórica autóctona con las técnicas y estructuras de la música artística occidental. Esta fusión refleja las complejidades de la expresión musical poscolonial y resalta la rica diversidad y creatividad presentes en las tradiciones globales de canción artística más allá del modelo europeo tradicional.

Quiero destacar que el título del libro es "24 Canciones en Español" y no "24 Canciones Españolas". Esta elección busca descolonizar el lenguaje y demostrar que al referirnos a canciones en español, estamos incluyendo todas las obras producidas en el vasto espacio hispanohablante que abarca muchos países, incluyendo España. En contraste, el término "canción española" se refiere exclusivamente a las canciones originadas en España. Utilizar "canción en español" ayuda a evitar el sesgo colonialista que asocia automáticamente todas las canciones en español con lo español.

Además, nuestra colección utiliza los términos "latinoamericano" e "ibérico" en lugar del más común "iberoamericano". Esta elección se basa en que en España, cuando se menciona Iberoamérica, se hace referencia exclusivamente a las antiguas colonias, excluyendo a España de la definición. Al especificar que la colección incluye música latinoamericana e ibérica, dejamos claro que abarca todos los países de América Latina, España, Portugal y todas las lenguas habladas en la región.

En este libro, los cantantes y maestros encontrarán un recurso pedagógico fundamental que, de forma progresiva, presenta retos técnicos que ayudan a desarrollar una emisión del sonido saludable mientras mejoran la dicción en español. Esperamos que, al igual que el libro de canciones en italiano ha acompañado a generaciones de cantantes durante su carrera, este libro se convierta en un compañero de por vida para el cantante, desde las etapas iniciales hasta las más avanzadas. Esto se debe a que abarca desde piezas sencillas hasta arias de ópera más desafiantes, las cuales, además de contribuir al proceso de aprendizaje, pueden interpretarse en concierto, enriqueciendo así el repertorio de los cantantes y diversificando las opciones para las audiencias.

Este libro sirve como puerta de entrada a un repertorio inmenso, compuesto por miles de canciones de calidad y belleza que han sido creadas en cada país de habla hispana a lo largo de los siglos. Los cantantes que deseen seguir explorando este valioso repertorio pueden hacerlo con los libros de nuestra Colección de Música Vocal Latinoamericana e Ibérica y participando en el *Barcelona Festival of Song*, un curso de verano único para cantantes, pianistas, maestros de canto y musicólogos dedicado al estudio de la historia e interpretación de las canciones artísticas latinoamericanas e ibéricas en español, catalán y portugués que en 2024 celebra su exitoso 20º aniversario, posicionándose en la vanguardia del estudio, investigación y ejecución de los repertorios globales de canción artística.

NOTAS SOBRE LAS OBRAS Y LOS COMPOSITORES

1

Uno de los momentos de mayor esplendor de España fue, sin duda, el Renacimiento, época que coincide con el descubrimiento de América en 1492, marcando la expansión y consolidación de España como un gran imperio con influencia cultural, política y económica en varios continentes. Durante este período, se produjo un florecimiento de la música vocal española, con el desarrollo de la polifonía y la contribución de autores como **Juan del Encina (1469-1529)**, quien enriqueció el conocido *Cancionero de Palacio*. Este manuscrito, creado entre los siglos XV y XVI, originalmente incluyó 548 piezas de diversos autores, siendo el aporte de Del Encina el más nutrido, con 61 canciones. Del Encina, notable dramaturgo, poeta y músico, se inspiró en la tradición de los poetas provenzales, componiendo canciones en las que el texto y la música están estrechamente ligados. En casi todas sus obras, cada nota corresponde a una sílaba, y los acentos literarios coinciden con el ritmo musical. (Chase, 1939) Una de sus canciones más conocidas es ***"Más vale trocar"***, que sigue una estructura ABA y tiene una melodía sencilla y clara que se ajusta perfectamente al texto.

Habilidades fortalecidas:
La obra proporciona la posibilidad de practicar semitonos y tonos completos en una extensión limitada, en un tempo moderado que facilita la emisión, por esta razón es ideal para el inicio de la formación vocal.

2

Del hispano-argentino **Leopoldo Corretjer (Barcelona, 1862-Buenos Aires, 1941)**, destacado compositor y director de orquesta y coros, destacamos *"**El viejo hogar argentino**"*, canción escolar escrita en una época en que las canciones servían para inculcar los valores de la nación. Esta es justamente una canción en la que se habla de las virtudes de la familia desde una perspectiva religiosa, ya que se atribuye a Dios la capacidad de sostener en momentos difíciles si se cultivan en el hogar las virtudes del amor y la esperanza. Corretjer escribió numerosas canciones para coros escolares, inspiradas con frecuencia en el folclore argentino, tales como "El gaucho" y "El ombú", que tuvieron gran repercusión. Obras suyas como "Himno a Sarmiento" o "Saludo a la Bandera" conservan plena vigencia y aún se cantan en las escuelas.

Habilidades fortalecidas:
"*El viejo hogar argentino*" es adecuada para principiantes, ya que favorece el legato, el aprendizaje de la escala y la habilidad de mantenerse en la misma nota con un flujo de aire constante.

3

La canción popular mexicana *"Virgencita del alma"*, publicada a principios del siglo XX y de autor desconocido, es una melodía cercana a la canción popular, un canto a la mujer amada, a un ser idealizado, puro y virginal al que se anhela. Aunque su título hace alusión a la virgen —personaje central de la religión católica, con muchos seguidores en México—, es una canción de amor profano.

Habilidades fortalecidas:
Esta canción es adecuada para desarrollar el legato debido a la progresión melódica que presenta. Además, introduce pequeños intervalos y favorece el aprendizaje del tresillo al mantener y la necesidad de precisión rítmica.

4

El colombiano **Hans Federico Neumann (1917-1992)**, escribió *"Madrigal"*, canción de amor con líneas largas, cercana a la canción popular, especialmente al bolero, el ritmo caribeño predominante en las décadas del 40 y 50 en América Latina. El texto, del renombrado poeta **Julio Flores (1867-1923)**, describe la belleza de la boca de la amada, tesoro anhelado e idealizado por el poeta. Neumann se formó con Pedro Biava y estuvo al frente de importantes instituciones en Barranquilla, su ciudad natal, como la Escuela de Música de Bellas Artes. Compuso obras para piano, música de cámara, vocal, coral y orquesta.

Habilidades fortalecidas:
Esta canción es ideal para desarrollar el legato debido a la progresión melódica que presenta. Además, introduce semitonos y requiere una gran expresividad para comunicar el texto de manera efectiva.

5

Del ecuatoriano **Luis Humberto Salgado (1903 - 1977)**, creador de varias sinfonías, óperas, ballets, conciertos y música popular, se incluye la canción de cuna *"Aldita"*, escrita por el compositor para celebrar el nacimiento de su primera nieta, Alda, en 1961. Cuenta la nieta del compositor que su abuelo se la cantaba cada día para dormirla durante sus primeros años. Salgado se inscribe dentro de la corriente nacionalista, integrando elementos vanguardistas. Compuso nueve sinfonías, cuatro óperas, una ópera-ballet, ocho conciertos, operetas, música de cámara y varias piezas de música popular ecuatoriana.

Habilidades fortalecidas:
Con una línea de canto sencilla que facilita el aprendizaje del legato, esta canción sigue una estructura ABAB. Favorece el dominio de intervalos descendentes de tercera y la adquisición del control vocal para mantener dinámicas pianissimo y mezzoforte de manera consistente.

6

Nacido en La Paz, Bolivia, **Jaime Mendoza Nava (1925-2005)** se destacó como compositor, director de orquesta y pianista. Inició sus estudios en su país y los continuó en el Conservatorio Spisso de Buenos Aires y luego en la Julliard School of Music de Nueva York, especializándose en Dirección Coral, Interpretación y Composición. Más tarde estudió en el Conservatorio Real de Madrid, obteniendo el primer Premio del Conservatorio en 1950. Posteriormente estudió con Cortot en Suiza y con Nadia Boulanger en París. A su regreso a los Estados Unidos se sumó al Departamento de Música de los Estudios Walt Disney, dirigiendo la orquesta y componiendo música para películas. Mendoza Nava desarrolló una carrera polifacética y dejó una abundante obra que incluye canciones para voz y piano como ***"La niña y el arpa"***, obra intimista, neoimpresionista, que demanda una línea sostenida y ligera y crea un ambiente de misterio, con una producción del sonido controlada y una emisión del texto clara. La poesía, al igual que la música, describe el misterio que encierran los ojos de la niña que toca el arpa, perdida en sus cavilaciones y habitando mundos lejanos mientras sus manos interpretan una música atemporal.

Habilidades fortalecidas:
Favorece el desarrollo del legato, promueve el aprendizaje de intervalos ascendentes como cuartas y quintas, y requiere una emisión clara y controlada en los registros de piano y mezzopiano.

7

Patricia Caicedo (1969), soprano, musicóloga y médica colombo-española, es autora de ***"La mala Suerte"*** y ***"Para vivir"***, dos canciones que se sitúan en la frontera entre la canción popular y la artística. Inicialmente compuestas con acompañamiento de guitarra. Caicedo se inició en la composición de canciones folclóricas en la adolescencia y, tras años dedicada a su carrera de cantante y musicóloga, especializándose en el repertorio de canción artística latinoamericana e ibérica, regresó a la composición en 2020 con una colección de 15 canciones con textos de poetas argentinos y un ciclo de canciones con poesías en catalán. **"Para vivir"**, sobre texto del poeta argentino **Raúl Gustavo Aguirre (1927-1983)**, tiene ritmo de pasillo, común en Colombia y Ecuador. De tempo lento, la canción describe la distancia entre la realidad y el deseo, entre los sueños y lo que realmente tenemos para vivir.

Habilidades fortalecidas:
Favorece el desarrollo del legato, facilita el aprendizaje de escalas ascendentes e introduce gradualmente intervalos hasta la octava. Se requiere dominio del legato y una emisión clara para transmitir el texto con precisión.

8

Escrita también por Patricia Caicedo, *"La mala suerte"* es un bolero con texto de la argentina **Hebe Monges (1928-2014)** que describe brevemente sentimientos profundos de tristeza e impotencia al vivir un amor que no puede expresarse con libertad. La melodía realza el texto, casi de forma declamatoria, resaltando el desgarro del sentimiento.

Habilidades fortalecidas:
Dominio del intervalo de octava y desarrollo de la voz media. La canción demanda una dicción muy clara y una comprensión profunda del texto, dado su carácter casi declamatorio.

9 y 10

Jaime León Ferro (1921-2015), uno de los músicos más destacados del siglo XX en Colombia, desarrolló una brillante carrera como pianista, director de orquesta y compositor. Inició sus estudios en Colombia y más tarde en la Juilliard School of Music, donde obtuvo una beca para perfeccionarse como pianista y director de orquesta. Más adelante, asumió por varios años el rol de director de la American Ballet Theater Orchestra y, tras su retorno a Colombia, ocupó puestos directivos en instituciones prestigiosas como la Filarmónica de Bogotá, la Sinfónica de Colombia y la Ópera de Colombia, entre otras. Su catálogo de música para voz y piano, publicado en su totalidad por Mundoarts, es uno de los más refinados en el repertorio de canciones artísticas del siglo XX en América Latina. Sus composiciones amalgaman ritmos colombianos con elementos de la música centroeuropa, el teatro musical estadounidense y el jazz. Con doble nacionalidad, colombiana y estadounidense, León personifica al músico panamericano y transnacional.

Este libro presenta dos obras notables: *"Más que nunca"* con texto de **Maruja Vieira (1922-2023)**, que ahonda en la profundidad del amor y la tristeza por la ausencia del ser amado y *"La vieja mesa"*, una canción que León originalmente compuso para su ciclo de Canciones infantiles, pero que, finalmente, no fue incluida. Esta pieza, con texto del ecuatoriano **Efraín Leonidas Pérez Castro (1912-2001)**, se estrena y publica de manera póstuma en este volumen. En "La vieja mesa", el narrador adulto elogia los objetos que marcaron su infancia, como la vieja mesa, y expresa su anhelo nostálgico de regresar a esos momentos y ser niño nuevamente.

Habilidades fortalecidas:

"Más que nunca" ayuda al desarrollo del legato y la expansión de la voz media. *"La vieja mesa"* exige atención al ritmo, especialmente al introducir la síncopa. Además, se necesita prestar especial atención para dotar a cada sección de la canción de un carácter que refleje el texto, junto con una dicción clara para comunicar la historia de manera eficaz.

11 y 12

De **Alfonso Broqua (1876 - 1946)**, compositor uruguayo considerado uno de los precursores del nacionalismo musical en su país, se incluyen dos canciones inspiradas en motivos folclóricos, con poesía de **Fernán Silva Valdés (1887-1975)**. *"El nido"* evoca la belleza de los nidos, cuya existencia, al igual que la flor, representa el florecimiento del árbol. *"El tango"*, parte del ciclo *"Tres cantos uruguayos,"* habla del tango y todo lo que esta música representa, aludiendo a los ambientes donde se escucha, lugares oscuros donde el cuerpo se libera, dando rienda suelta a la sensualidad y el placer en forma de baile. Broqua integró elementos idealizados de la música indígena, alineándose con el llamado nacionalismo indígena. Estudió en Bélgica y más tarde en París, donde fue discípulo de Vincent d'Indy, Albert Roussel y Auguste Sérieyx.

Habilidades fortalecidas:

"El nido" fortalece las habilidades del cantante al abordar una amplia tesitura y acercarlo a la disonancia. Con un tempo lento, esta pieza requiere un desarrollo sólido del apoyo, especialmente en las escalas descendentes.

Por otro lado, *"El tango"* requiere una dicción clara y fomenta el desarrollo de la agilidad vocal, junto con la habilidad de mantener un ritmo constante a lo largo de toda la obra. Al igual que la canción anterior, esta pieza también exige que el cantante se familiarice con la forma de interpretación del tango popular, incorporando elementos estilísticos característicos para enriquecer su actuación.

13

Eduardo Caba Balsalia (1890 - 1953) fue un compositor nacionalista, pianista y profesor de música boliviano que pasó gran parte de su vida en Buenos Aires, donde estudió con el compositor argentino Felipe Boero. En 1927, gracias a una beca, estudió en Madrid con Joaquín Turina y Pérez Casas. A su regreso a Bolivia, fue nombrado director del Conservatorio Nacional de Música de la ciudad de La Paz. Su estilo nacionalista, inscrito dentro del llamado nacionalismo indigenista, se evidencia en su canción *"Kori-Killa"*, de influencia indígena que evoca las melodías folclóricas ejecutadas en plazas y espacios rurales. Esta es una canción alegre en la que el enamorado proclama su amor por esa niña, Kori Killa, la novia amada que representa toda la alegría y que cura todos los males.

Habilidades fortalecidas:
"Kori-Killa" fortalece varias habilidades del cantante. Requiere mantener el ritmo con precisión en los intervalos, todo mientras se emite una voz libre de vibrato. Además, esta pieza permite utilizar el staccato de manera efectiva como contraste entre las estrofas que repiten la misma melodía. El cantante debe familiarizarse con los ritmos andinos folclóricos para enriquecer su interpretación.

14

Theodoro Valcárcel (1898-1942) fue uno de los compositores peruanos más destacados de su generación. De ascendencia indígena, se alineó con el movimiento nacionalista indigenista que buscaba valorar el aporte indígena a la construcción de la identidad nacional peruana, relacionando la escala pentatónica con la música indígena. Compuso el ciclo de canciones *"31 cantos del alma vernácula"* en español y lenguas indígenas como el quechua y el aymara, un hito en la historia de las canciones artísticas al llevar la música y el idioma de comunidades previamente marginadas al escenario de la música de las élites. De esta colección, incluimos *"Vicuñita"*, canción de inspiración andina, cuyo texto compara a la vicuña, animal típico de los Andes, con el ser amado. Estructurada en forma ABA, la pieza pasa de un momento alegre de evocación de la naturaleza a un momento de nostalgia y dolor por el amor no correspondido.

Habilidades fortalecidas:
"Vicuñita" es una excelente pieza para practicar los tresillos, la síncopa y las habilidades rítmicas. El cantante también deberá desarrollar la habilidad de crear dos atmósferas diferentes y contrastantes dentro de la misma pieza. Para enriquecer aún más su interpretación vocal, es importante que el cantante se familiarice con el repertorio folclórico andino.

15

De la misma colección es *"Tristes ecos"* lamento nostálgico por el amor lejano que no volverá. Estas obras, fuertemente influenciadas por el folclore, pueden interpretarse como canciones artísticas o canciones folclóricas, dependiendo del contexto de la interpretación. La armonización para piano las sitúa como canciones artísticas, pero también podrían interpretarse como canciones folclóricas si se acompañan de instrumentos típicos de la región andina.

Habilidades fortalecidas:
"Tristes ecos" es una excelente pieza para practicar los dosillos, el legato y la habilidad de mantener bien apoyada la misma nota. Para enriquecer aún más su interpretación vocal, es importante que el cantante se familiarice con el repertorio folclórico andino.

16

Luis Antonio Calvo (1884-1945) es considerado uno de los compositores más importantes de su generación en Colombia. Influenciado por la música de salón y por la música de Chopin en boga en su época, compuso numerosas obras para piano en estilo romántico, arreglos para banda y canciones para voz y piano, frecuentemente con textos propios como en el caso de *"Eclipse de belleza"*, canción de amor con estructura AABB que describe la belleza del paisaje y la compara con la de la amada, ser puro y sublime como la naturaleza descrita.

Habilidades fortalecidas:
"Eclipse de belleza" es una excelente pieza para practicar el legato y el desarrollo del apoyo que se mantiene para acabar con un agudo brillante.

17

El italiano nacionalizado colombiano **Pedro Biava Ramponi** (1902 - 1972) llegó a Colombia a los 24 años, después de formarse en su país natal en el Conservatorio Santa Cecilia de Roma. En Barranquilla, la ciudad que le acogió y en la que vivió la mayor parte de su vida, desarrolló una importante carrera como intérprete, docente, compositor y director de orquesta. De su amplia producción incluímos una de sus canciones más celebradas, *"La imagen de tu perfil"*, canción de amor que evoca la imagen de la amada, una imagen fugaz que contrasta con el sentimiento de amor profundo que describe el poeta.

Habilidades fortalecidas:
"La imagen de tu perfil" es una pieza en donde se integran las diversas capacidades técnicas aprendidas, el legato, la dicción, la modulación de volumen y la expresividad.

18

El cubano **Eduardo Sánchez de Fuentes (1874 - 1944)** fue compositor y escritor con una amplia producción de zarzuelas, operetas, óperas, canciones para voz y piano y obras orquestales. Sánchez de Fuentes estudió en La Habana con Hubert de Blanck, Carlos Anckermann e Ignacio Cervantes, el maestro que más le influyó. Entre sus obras se destacan la ópera "Yumurí", el Ballet "Dioné", el "Oratorio Navidad" y la "Cantata Anacaona". Su canción *"Corazón"*, incluída en esta antología, es una pieza romántica en el estilo de la canción ligera de salón en la que el narrador increpa a su corazón para que deje de sufrir por amor.

Habilidades fortalecidas:
"Corazón" es una pieza que exige el desarrollo del legato y la expresividad. Importante conservar un tempo moderato que permita la entrega del texto y el desarrollo del lirismo, sin perder la rítmica interna.

19

Compuesta en 2014 por **Nicolás Gutierrez (1992)** como parte del ciclo *"Nostalgias del abuelo"*, escrito para celebrar los 10 años del Barcelona Festival of Song, ***Ester*** es una canción de amor, con texto de **Mariano Melendro (1894-1989)**, bisabuelo del compositor. En estilo neoromantico e influenciada por la estética del teatro musical, con su amplia tesitura, ***Ester*** exige el desarrollo de lineas largas. Nicolás Gutierrez es doctor en composición por la Florida State University. Compone obras sinfónicas, corales de cámara y música para películas. Ha compuesto numerosos ciclos de canciones estrenados en el Barcelona Festival of Song.

Habilidades fortalecidas:
Con una tesitura amplia, *"Esther"* exige el desarrollo del legato y una dicción del texto muy clara y expresiva. La música se ajusta al texto y el cantante debe comprender el significado de cada palabra para otorgar expresividad y transmitir el sentido de la poesía.

20

De **Pedro Biava**, se incluye una segunda obra, *"Vocalización"*, pieza escrita con propósitos pedagógicos, concebida como un ejercicio vocal progresivo que desafía al cantante y promueve el desarrollo del legato. Biava compuso esta pieza específicamente para que una colega suya, maestra de canto, la utilizara con sus alumnos.

Habilidades fortalecidas:
"Vocalización" es un excelente ejercicio para entrenar y calentar la voz, explorando toda la tesitura de manera gradual hasta alcanzar los tonos agudos con vocales suaves que facilitan una emisión clara. Además, favorece el desarrollo de la agilidad vocal y facilita el aprendizaje de intervalos ascendentes y descendentes.

21

Julio de Osma (1888-1938), nacido en Barcelona, es el autor de *"Más cerca de mi te siento"*, con texto de **Ramón Campoamor** (1817-1901). La canción forma parte del ciclo *"Cantares de mi tierra"*, caracterizado por su estilo andalucista. Osma recibió formación en música sacra, piano y composición en Barcelona y París. En 1915, fundó el Conservatorio de Música en San José, Costa Rica, y durante la década de 1920, realizó giras por Rusia junto al tenor Sergei Radamsky.

Habilidades fortalecidas:
"Más cerca de mi te siento" es una canción de amor en estilo andalucista que sirve para aprender los ornamentos, tresillos y desarrollar la agilidad.

22

Fernando Soria Cárpena (1860-1937) fue un destacado compositor, pianista, maestro y crítico musical mexicano, conocido por su prolífica obra. Escribió siete canciones para voz y piano, así como numerosas piezas corales durante el último tercio del siglo XIX no solo en México, sino también en Guatemala, Ciudad de México y Veracruz.[1] **"El canto del cisne"** es una de sus obras más reconocidas, una canción con ritmo de habanera y estructura ABC, originalmente escrita para soprano con poesía atribuida a **F.Z.**

El texto de la canción habla del dolor de encontrarse solo y vivir un amor no correspondido. El protagonista compara su situación con el canto del cisne, que según la leyenda canta al morir, y le ruega a su amada distante, quien no corresponde a su amor, que le pida su canto, porque él está próximo a "morir de amor". Así, la canción se presenta como una obra doliente, trágica y apasionada.

Habilidades fortalecidas:
"El canto del cisne" permite la práctica del legato y del apoyo.

23

El cubano **Eduardo Sánchez de Fuentes (1874 - 1944)** es el autor de "*Romance de dolorosa*", con libreto de **Federico Uhrbach (1873 - 1932)**, forma parte de su ópera "*Dolorosa*", obra estrenada en el Teatro Balbo de Turín en 1911. Es una canción de amor, en el que la protagonista rememora la alegría del amor y sueña con el amor que en la realidad no tiene, una realidad dolorosa y triste.

Habilidades fortalecidas:
"Romance de dolorosa" ofrece una oportunidad para desarrollar el legato y mejorar la capacidad de mantener una nota durante varios compases con un adecuado soporte vocal.

24

El libro culmina con la romanza de Marfa de la ópera cómica ***Keofar*** titulada ***De mi amor el sol hermoso***, del compositor, violinista y pianista mexicano Felipe Villanueva (1862-1893), una de las figuras más sobresalientes del Romanticismo mexicano, autor de innumerables mazurcas, polkas, danzas, y valses. (Mercado, 2016) ***Keofar,*** obra inscrita por su temática en la corriente exotista, tiene lugar en la rusa zarista. De tinte verista, consta de tres actos y su trama narra la conspiración política contra un tirano por parte de un grupo anarquista nihilista ruso. Probablemente se relaciona con el asesinato del Zar Alejandro II en 1882. Según Juan Ramón Sandoval, el investigador que encontró la obra: "Crear una obra exótica, con tema nihilista-anarquista en Rusia, fue una especie de denuncia indirecta de las injusticias que prevalecían en la sociedad mexicana de la época". El compositor murió a los 31 años y la ópera se estrenó póstuma en el Teatro Principal.

Habilidades fortalecidas:
De mi amor el sol hermoso es un aria exigente, que demanda el desarrollo del legato, la agilidad y el apoyo. El texto describe el desolado amor no correspondido de Marfa, su sufrimiento ante la indiferencia de Keofar.

TWENTY-FOUR SONGS AND ARIAS

in Spanish

From XV to XXI Centuries

LATIN AMERICAN & IBERIAN VOCAL MUSIC COLLECTION

It is with pride and joy that Mundo Arts Publications presents the Latin American and Iberian Vocal Music Collection; it was born to contribute to diversifying the canon and the training curricula of classical singers by creating resources and facilitating access to repertoires of great quality and beauty composed outside the Central European axis.

Our mission is to preserve Latin American and Iberian musical heritage while contributing to decolonizing and expanding the canon. To achieve it, we create resources and tools that allow performers to contextualize the music and its creators.

For this reason, besides providing the scores, all the books in the Collection include a bilingual introductory study contextualizing the works and their creators. They also have the translation of the poems into English and their transcription into the International Phonetic Alphabet.

All these resources are designed to make the Latin American and Iberian Vocal Music Collection a modern and practical collection that provides singing teachers and singers with all the necessary tools to achieve accurate interpretations.

The Collection focuses on art songs in Spanish, Catalan, and Portuguese and includes works written by men and women from the 19th century to the present, most of them published for the first time, which is why, despite being of outstanding musical quality, are until now practically unknown.

Let's welcome this historic Collection that will unveil the treasures of Latin American and Iberian vocal music for the enjoyment of performers and audiences worldwide.

ACKNOWLEDGMENTS

When my first book, the Critical Anthology of Latin American Art Song, was published in 2005, I did not imagine the impact it would have, nor that it would be the beginning of the Collection of Latin American and Iberian Vocal Music, which today has fourteen books.

Publishing that first book was my desperate attempt to do something to expand the canon because, in my experience as a singer, it was very difficult to find the sheet music of Latin American art songs and even more difficult to open spaces to perform and promote them. My job was a constant struggle to legitimize the repertoire and its creators among concert programmers, singers, and voice teachers who, imbued with colonialist and Eurocentric paradigms of thought, suggested that this repertoire was not of the same quality as the canonical repertoire, sadly, the only one they knew.

In addition, whenever I spoke with voice teachers, they justified the lack of inclusion of the repertoire due to their lack of knowledge about it and their ignorance of the diction of the languages. They weren't willing to go out of their way to broaden their musical horizons with music they probably considered to be of lesser quality.

However, little by little, throughout these almost twenty years, I have seen an increasingly social claim for creating inclusive and diverse curricula, due in part to social changes that have made visible the existence of patriarchal and colonialist paradigms of thought that permeate the entire society and the academy, and that determine our tastes and value judgments. The growth in quantity and importance of the Hispanic population in the United States has also positively impacted this interest.

Thus, it seems that the time has finally come to appreciate and listen to the music produced in the old peripheries of power by women, Afro-descendants, and indigenous people, just to mention some of the groups that have been marginalized until now.

This inclusion can only be positive and requires the active support of all of us, support that transcends words and becomes action and sound. Thus, to give life to this Collection and particularly to this book, the support of many people who believed and collaborated in the project was essential.

I especially appreciate the support of my dear friend, the talented tenor **Pablo Willey-Bustos**, a former participant of the Barcelona Festival of Song and a voice teacher at Nazareth University, and in lyric diction at the Eastman School of Music. Pablo performed the phonetic transcription of the songs and translated the poems into English. Having his support was crucial, not only for his academic contribution but also for knowing that a new generation of singers connected to the Barcelona Festival of Song is committed to preserving and promoting this repertoire. I also deeply appreciate the meticulous work of composer **Daniel Cristóbal,** who carefully copied and revised the songs with great attention to detail.

I also want to thank pianist **Yamira Rodríguez** for facilitating access to **Sara Cecilia Neuman**, daughter of Hans Federico Neuman, and to **Pedro Biava**, son of Pedro Biava. I thank pianist **Masaru Sakuma** and **Jaime Mendoza**, son of Bolivian composer Jaime Mendoza Nava, for providing me access to their music. Additionally, I express gratitude to musicologist **Dr. Ketty Wong** for connecting me with the family of Luis Humberto Salgado, and to pianist **Dr. Douglas Bringas** for introducing me to the composer Fernando Soria and providing access to his music, as well as to **Dr. Enid Negrete** for acquainting me with the work of Felipe Villanueva. Thanks to all of you and to the descendants of the composers, today we can enjoy these beautiful songs.

I also want to thank all the people who supported this project by pre-ordering the book. Thank you very much for believing in me and for loving Latin American and Iberian repertoire. I promised to include all your names in this section, and I do so with joy and love. I am deeply grateful to *Sara Sparling, Stephanie Aston, Nicholas Stark, Logan Contreras, Violetta Zabbi, Bruce McClurg, Nicole Hanig, Craig Faulkner, Kyle Gonyea, Alonso Lopez, Demaree Brown, Walter Clark, Ryan Reithmeier, Darci Bultema, Liliana Guerrero, Clara Mansilla, Carles Duarte, Tuula Paavola, Carol Mastrodomenico, Noelle Carey, Matthew Valverde, Frances Mitchem, Dashon Burton, Christine Graham, Rhys Thorn, Eriq Ayala, Natalie Cummings, Rebecca Castillo, Ho Eui Bewlay, Catherine Garner, Hannah Meloy, Elizabeth Sterling, Mary Wilson, Kimberly Prins, Michelle Quintero, Judith Dunlore, Darryl Taylor, Robert Rocco, Emily Truckenbrod, Claudia Landivar, Andrea Folan, Jacque Scharlach, Heather Holmquest, Mikayla Purcell-Bolha, Maria Valenzuela, Jenna Rae, Jill Lewis, Deirdre Welborn, Christina Wright-Ivanova, Denise Rivera, Eileen Downey, Pablo Willey-Bustos, Chelsea Whitaker, Paula Corbin Swalin, Ann DuHamel, David Grogan.*

All of us, lovers of this music, hope that this book will help spread the work of the composers and that more songs in Spanish will be heard in concerts around the world.

A big hug to everyone!

Patricia Caicedo, Barcelona, April 23th, 2024

PROLOGUE

The book "Twenty-Four Songs and Arias in Spanish" constitutes Volume 15 of the Latin American & Spanish Vocal Music Collection, a compilation dedicated to showcasing songs for voice and piano by some of the most prominent Latin American and Iberian composers. Following the characteristic structure of the other volumes in this collection, this book provides scores, an introductory study that contextualizes the composers and poets, phonetic transcriptions in IPA, and translations of the poems into English. It also suggests the vocal abilities and strengths that each piece helps to develop.

However, this volume possesses a particularity that distinguishes it. As readers may have noticed, its title is inspired by the legendary book "24 Italian Songs and Arias," first published in 1894. The popularity and acceptance of this iconic work were due in part to the quality and beauty of its songs, but also to the socio-cultural context of the time. During that era, Italian opera dominated the musical scene among the elite, considered the pinnacle of artistic music, setting aesthetic models that were exported and embraced worldwide, especially in former colonies.

We must remember that in the 19th century, most American colonies gained independence, initiating processes of national identity formation in each country. Political and educational institutions were established, and curricula were implemented that centered on and prioritized European music and creators. The history of European music came to be known as the history of universal music, and throughout the Western world, a process of canonization of European composers and works began, which continues to this day. This cultural phenomenon was reflected in the perception of European music as superior, labeling it as "art music," while productions from other regions were often categorized as "folk" or "popular" music.

The emergence of "24 Italian Songs and Arias" in this historical context quickly made them a central tool in the training of classical singers worldwide. The fact that in the 21st century, the teaching of classical singing revolves almost exclusively around learning repertoire in Italian, German, and French, and that this book continues to be the foundation of classical training, highlights a Eurocentric bias that keeps the curriculum of classical singers anchored in music produced by the ancient centers of power while ignoring high-quality works produced over more than two centuries by hundreds of composers from the rest of the world.

It is precisely with the aim of contributing to the decolonization of curricula and highlighting a vast repertoire and composers from the Spanish-speaking world that the book "Twenty Four Songs and Arias in Spanish" emerges—a resource that seeks to fill a significant void by presenting a diverse repertoire that challenges classical vocal students technically while offering beautiful texts and melodies.

Focusing on repertoire in Spanish is also significant. As the second most spoken language in the world, Spanish, due to its phonetic characteristics and diction, proves to be particularly suitable for singing, facilitating legato even more than Italian. With just five vocalic sounds, Spanish becomes an effective tool for teaching vocal technique, without the complexity of other vowel systems like French, German, or Italian, to name a few.

The fact that this language is one of the most spoken in the contemporary world also impacts the reception of its music, which is understood by performers and audiences, achieving the goal of art: communication. It is no secret that audiences for classical music are declining exponentially, due to various factors including the perception of the genre as socially outdated. This decline is related, among other reasons, to the fact that classical music has become somewhat "anchored" in repeating the same works over and over again, akin to a museum preserving collections of past artists, leaving very little space for the performance of new works and the emergence of new artists. At this point, an opportunity arises for "new" repertoires such as the Latin American and Iberian art song repertoire, and for contemporary performers to explore and embrace these fresh musical expressions.

The works included in this book span several centuries and styles. It is important to highlight that all of them were written using techniques and instrumentation provided by the tradition of European art song, in which all composers were trained. However, starting from the late 19th century with the emergence of the nationalist movement, reflecting the search for a national identity, songs in each country began to gradually incorporate more elements from local folk music, thus developing a distinctive national style. This phenomenon was observed throughout the Western world, resulting in songs with a more evident identity while not completely abandoning the European model. Similar phenomena are observed in the traditions of art song in former colonies such as the Philippines, Australia, South Africa, Malaysia, India, Israel, Turkey, and other regions. These regions, influenced by their unique cultural and historical contexts, have developed their own styles of art song that blend elements of indigenous folk music with the techniques and structures of Western art music. This fusion reflects the complexities of post-colonial musical expression and highlights the rich diversity and creativity found in global art song traditions beyond the traditional European model.

I want to emphasize that the title of the book is "Twenty Four Songs and Arias in Spanish" and not "Twenty Four Spanish Songs." This choice aims to decolonize language and demonstrate that when referring to songs in Spanish, we are including all works produced in the vast Spanish-speaking space that encompasses many countries, including Spain. In contrast, the term "Spanish songs" exclusively refers to songs originating from Spain. Using "songs in Spanish" helps to avoid the colonialist bias that automatically associates all Spanish-language songs with Spain.

Additionally, our collection uses the terms "Latin American" and "Iberian" instead of the more common "Ibero-American." This decision is based on the fact that when Ibero-America is mentioned in Spain, it exclusively refers to the former colonies, excluding Spain from that definition.

In this book, singers and teachers will find a fundamental pedagogical resource that progressively presents technical challenges to help develop healthy vocal production while improving Spanish diction. We hope that, like the book of Italian songs that has accompanied generations of singers throughout their careers, this book becomes a lifelong companion for singers, from early stages to advanced levels. This is because it includes a range of pieces, from simple songs to more challenging opera arias, which not only contribute to the learning process but can also be performed in concerts, enriching singers' repertoires and diversifying options for audiences.

This book serves as the gateway to an immense repertoire, composed of thousands of songs of quality and beauty that have been created in each Spanish-speaking country over the centuries. Singers who wish to continue exploring this valuable repertoire can do so with the books in our Latin American and Iberian Vocal Music Collection and by participating in the Barcelona Festival of Song, a unique Summer Program devoted to studying the history and interpretation of Latin American and Iberian Art Songs. In 2024, the festival is celebrating its successful 20th anniversary, positioning it at the forefront of the study, research, and performance of global art song repertoires.

NOTES ON THE WORKS AND COMPOSERS

1

One of the most splendid moments in Spain was undoubtedly the Renaissance, a period that coincided with the discovery of America in 1492, marking the expansion and consolidation of Spain as a great empire with cultural, political, and economic influence across multiple continents. During this period, there was a flourishing of Spanish vocal music, characterized by the development of polyphony and the contributions of authors like **Juan del Encina (1469-1529)**, who enriched the renowned *Cancionero de Palacio*. This manuscript, created between the 15th and 16th centuries, originally included 548 pieces by various authors, with Del Encina's contributions being the most substantial, totaling 61 songs.

Del Encina, a notable playwright, poet, and musician, drew inspiration from the tradition of the Provencal poets, composing songs where the text and music are closely intertwined. In nearly all his works, each note corresponds to a syllable, and the literary accents align with the musical rhythm. (Chase, 1939). One of his most well-known songs is ***"Más vale trocar,"*** which follows an ABA structure and features a simple, clear melody that perfectly complements the text.

Skills Strengthened:
This piece provides the opportunity to practice half steps and whole steps within a limited range, at a moderate tempo that facilitates vocal production. For this reason, it is ideal for the beginning stages of vocal training.

2

From the Hispanic-Argentine **Leopoldo Corretjer** (Barcelona, 1862- Buenos Aires, 1941), a prominent composer and conductor of orchestras and choirs, we highlight "***El Viejo hogar argentino,***" a school song written at a time when songs served to instill the values of the nation. ***El Viejo hogar*** argentino is a song that speaks of the virtues of the family from a religious perspective, attributing to God the ability to sustain in difficult times if the virtues of love and hope are cultivated in the home. Corretjer wrote numerous songs for school choirs, often inspired by Argentine folklore, such as "El gaucho" and "El ombú," which had a great impact. His works like "Himno a Sarmiento" or "Saludo a la Bandera" remain relevant and are still sung in schools. "El Viejo hogar argentino" is suitable for beginners, as it promotes legato and the ability to maintain the same note with a constant airflow.

Skills Strengthened:
"*El viejo hogar argentino*" is suitable for beginners as it promotes legato, learning of scales, and the ability to sustain the same note with a constant airflow.

3

The Mexican folk song "***Virgencita del alma***," published in the early 20th century and of unknown authorship, is a melody close to the folk song tradition, a song to the beloved woman, to an idealized, pure, and virginal being that is yearned for. Although its title alludes to a Virgin - a central figure in the Catholic religion, with many followers in Mexico - the song is not talking about the Virgin Mary, it is alluding to the virginal quality of the beloved, and in doing so, it is a song of profane love.

Skills Strengthened:
This song is suitable for developing legato due to the melodic progression it presents. Additionally, it introduces small intervals and promotes learning of triplets by emphasizing the need for rhythmic precision.

4

The Colombian composer **Hans Federico Neumann (1917-1992)** wrote ***"Madrigal,"*** a love song with long lines, reminiscent of popular music, especially the bolero, the predominant Caribbean rhythm in the 1940s and 1950s in Latin America. The text describes the beauty of the beloved's mouth, a cherished and idealized treasure for the poet. Neumann trained with Pedro Biava and led important institutions in Barranquilla, his hometown, such as the School of Fine Arts Music. He composed works for piano, chamber music, vocal, choral, and orchestra. (Rodríguez, 2016)

Skills Strengthened:
This song is ideal for developing legato due to the melodic progression it presents. Additionally, it introduces semitones and requires great expressiveness to effectively communicate the text.

5

From the Ecuadorian **Luis Humberto Salgado (1903 - 1977)**, known for his classical music compositions including symphonies, operas, ballets, concertos, and popular music, we include the lullaby ***"Aldita"***. This song was written by the composer to celebrate the birth of his first granddaughter, Alda, in 1961. The composer's granddaughter recounts that her grandfather sang it to her every day to lull her to sleep during her early years. Salgado was part of the nationalist movement, integrating avant-garde elements into his compositions. He composed nine symphonies, four operas, an opera-ballet, eight concertos, operettas, chamber music, and several pieces of Ecuadorian popular music.

Skills Strengthened:

With a simple vocal line that facilitates learning legato, this song follows an ABAB structure. It promotes mastery of descending third intervals and the acquisition of vocal control to consistently maintain pianissimo and mezzoforte dynamics.

6

Born in La Paz, Bolivia, **Jaime Mendoza Nava (1925-2005)** distinguished himself as a composer, orchestra conductor, and pianist. He began his studies in Bolivia and continued at the Spisso Conservatory in Buenos Aires and later at the Juilliard School of Music in New York, specializing in Choral Conducting, Performance, and Composition. He later studied at the Royal Conservatory of Madrid, earning the Conservatory's top prize in 1950. Subsequently, he studied with Cortot in Switzerland and with Nadia Boulanger in Paris. Upon returning to the United States, he joined the Music Department at Walt Disney Studios, conducting the orchestra and composing music for films. Mendoza Nava developed a multifaceted career and left behind a substantial body of work, including songs for voice and piano such as ***"La niña y el arpa,"*** an intimate, neo-impressionistic piece that requires a sustained and light vocal line, creating an atmosphere of mystery with controlled sound production and clear text delivery. The poetry, like the music, describes the mystery encapsulated in the eyes of the girl playing the harp, lost in her thoughts and inhabiting distant worlds while her hands interpret timeless music.

Skills Strengthened:

This piece promotes the development of legato, encourages the learning of ascending intervals like fourths and fifths, and requires clear and controlled vocal delivery in the piano and mezzopiano registers.

7

Patricia Caicedo (born 1969), a soprano, musicologist, and Colombian-Spanish physician, is the author of "La mala Suerte" and ***"Para vivir,"*** two songs that straddle the line between popular and art music, originally composed with guitar accompaniment. Caicedo began composing folk songs in her adolescence. After years dedicated to her career as a singer and musicologist, specializing in the repertoire of Latin American and Iberian art songs, she returned to composition in 2020 with a collection of 15 songs featuring texts by Argentine poets and a cycle of songs with poems in Catalan. ***"Para vivir,"*** with text by Argentine poet Raúl Gustavo Aguirre (1927-1983), has a pasillo rhythm common in Colombia and Ecuador. With a slow tempo, the song describes the distance between reality and desire, between dreams and what we actually have to live with.

Skills Strengthened:

This song promotes the development of legato, facilitates learning ascending scales, and gradually introduces intervals up to the octave. Mastery of legato and clear vocal delivery are required to convey the text with precision.

8

Also composed by Patricia Caicedo, ***"La mala suerte"*** is a bolero with lyrics by the Argentine poet **Hebe Monges (1928-2014)** that briefly encapsulates deep feelings of sadness and helplessness experienced in a love that cannot be freely expressed. The melody enhances the text, almost declaiming it, highlighting the anguish of the emotions described by the poet.

Skills Strengthened:

Mastery of octave intervals and development of the middle voice are required for this song. The piece demands very clear diction and a deep understanding of the text, given its almost declamatory character.

9 & 10

Jaime León Ferro (1921-2015), one of the most prominent musicians of the 20th century in Colombia, had a brilliant career as a pianist, orchestra conductor, and composer. He began his studies in Colombia and later attended the Juilliard School of Music, where he received a scholarship to further his training as a pianist and orchestra conductor. Later on, he served for several years as the conductor of the American Ballet Theater Orchestra, and upon his return to Colombia, held leadership positions in prestigious institutions such as the Bogotá Philharmonic, the Colombian Symphony, and the Colombian Opera, among others. His catalog of music for voice and piano, entirely published by Mundoarts, is one of the most refined in the repertoire of art songs of the 20th century in Latin America. His compositions blend Colombian rhythms with elements of Central European music, American musical theater, and jazz. With dual Colombian and American nationality, León epitomizes the Pan-American and transnational musician. In this book, we include two of his songs: *"Más que nunca"* with text by **Maruja Vieira (1922-2023),** which delves into the depth of love and sadness in the absence of a loved one, and *"La vieja mesa,"* a song that León originally composed for his cycle of Children's Songs but was ultimately not included. This piece, with text by the Ecuadorian **Efraín Leonidas Pérez Castro (1912-2001),** premieres and is published posthumously in this volume. In *"La vieja mesa,"* the adult narrator praises the objects that marked his childhood, like the old table, and expresses nostalgic longing to return to those moments and be a child again.

Skills Strengthened:

"Más que nunca" helps develop legato and expands the middle voice.
"La vieja mesa" requires attention to rhythm, especially when introducing syncopation. Additionally, it is necessary to pay special attention to infusing each section of the song with a character that reflects the text, along with clear diction to effectively communicate the story.

11 & 12

De Alfonso Broqua (1876 - 1946), compositor uruguayo considerado uno de los precursores del nacionalismo musical en su país, incluímos dos canciones inspiradas en motivos folclóricos y poesía de Fernán Silva Valdés. *"El nido"* evoca la belleza de los nidos, cuya existencia, al igual que la flor, representa el florecimiento del árbol. *"El tango",* parte del ciclo *"Tres cantos uruguayos,"* habla del tango y todo lo que esta música representa, aludiendo a los ambientes donde se escucha, lugares oscuros donde el cuerpo se libera, dando rienda suelta a la sensualidad y el placer en forma de baile. En su obra, Broqua integró elementos idealizados de la música indígena, alineándose con el llamado nacionalismo indígena. Estudió en Bélgica y más tarde en París, donde fue discípulo de Vincent d'Indy, Albert Roussel y Auguste Sérieyx.

Skills Strengthened:

"El nido" strengthens the singer's skills by tackling a wide range and introducing elements of dissonance.

With a slow tempo, this piece requires solid breath support, especially in descending scales.

On the other hand, *"El tango"* demands clear diction and fosters the development of vocal agility, along with the ability to maintain a steady rhythm throughout the work. Like the previous song, this piece also requires the singer to become familiar with the performance style of popular tango, incorporating characteristic stylistic elements to enrich their performance.

13

Eduardo Caba Balsalia (1890 - 1953) was a Bolivian nationalist composer, pianist, and music educator who spent much of his life in Buenos Aires, where he studied with the Argentine composer Felipe Boero. In 1927, he studied in Madrid with Joaquín Turina and Pérez Casas, thanks to a scholarship. Upon returning to Bolivia, he was appointed director of the National Conservatory of Music in the city of La Paz. His nationalist style, associated with indigenous nationalism, is evident in his song *"Kori-Killa,"* which is influenced by indigenous elements and evokes folk melodies played in squares and rural settings. This joyful song expresses the lover's proclamation of love for the girl, Kori Killa, the beloved bride who embodies all joy and heals all ills.

Skills Strengthened:
"Kori-Killa" strengthens several skills for the singer. It requires maintaining precise rhythm in the intervals, all while emitting a voice free of vibrato. Additionally, this piece allows for effective use of staccato as a contrast between the stanzas that repeat the same melody. The singer must become familiar with Andean folk rhythms to enrich their interpretation.

14

Theodoro Valcárcel (1898-1942) was one of the most prominent Peruvian composers of his generation. Of indigenous descent, he aligned with the indigenous nationalist movement that sought to valorize the indigenous contribution to the construction of Peruvian national identity, relating the pentatonic scale to indigenous music. He composed the cycle of songs *"31 cantos del alma vernácula"* in Spanish and indigenous languages such as Quechua and Aymara, a milestone in the history of art songs for bringing the music and language of previously marginalized communities to the stage of elite music. From this collection, we include *"Vicuñita,"* a song inspired by the Andean region, whose text compares the vicuña, a typical Andean animal, to a beloved person. Structured in ABA form, the piece transitions from a joyful evocation of nature to a moment of nostalgia and pain for unrequited love.

Skills Strengthened:

"Vicuñita" is an excellent piece for practicing triplets, syncopation, and rhythmic skills. The singer will also need to develop the ability to create two different and contrasting atmospheres within the same piece. To further enrich their vocal performance, it's important for the singer to become familiar with Andean folk repertoire.

15

From the same collection, *"Tristes ecos"* is a nostalgic lament for a distant love that will not return. These works, strongly influenced by folklore, can be interpreted as art songs or folk songs, depending on the context of the performance. The piano harmonization places them as art songs, but they could also be performed as folk songs if accompanied by typical instruments from the Andean region.

Skills Strengthened:

"Tristes ecos" is an excellent piece for practicing duplets, legato, and the ability to sustain the same note with good support. To further enrich their vocal performance, it's important for the singer to become familiar with Andean folk repertoire.

16

Luis Antonio Calvo (1884-1945) is considered one of the most important composers of his generation in Colombia. Influenced by salon music and the Chopin style popular in his time, he composed numerous romantic-style piano pieces, arrangements for bands, and songs for voice and piano, often with his own texts like in the case of ***"Eclipse de belleza,"*** a love song with an AABB structure that describes the beauty of the landscape and compares it to that of the beloved, pure and sublime like the described nature.

Skills Strengthened:

"Eclipse de belleza" is an excellent piece for practicing legato and developing sustained breath support, culminating in a bright high note.

17

The Italian-born Colombian **Pedro Biava Ramponi (1902 - 1972)** arrived in Colombia at the age of 24 after training in his native country at the Santa Cecilia Conservatory in Rome. In Barranquilla, the city that welcomed him and where he lived most of his life, he developed an important career as a performer, teacher, composer, and orchestra conductor. From his extensive production, we include one of his most celebrated songs, ***"La imagen de tu perfil,"*** a love song that evokes the image of the beloved—a fleeting image contrasting with the deep feeling of love described by the poet.

Skills Strengthened:
"La imagen de tu perfil" is a piece that integrates various technical abilities learned, including legato, diction, volume modulation, and expressiveness.

18

Eduardo Sánchez de Fuentes (1874 - 1944) was a Cuban composer and writer known for his extensive output of zarzuelas, operettas, operas, songs for voice and piano, and orchestral works. He studied in Havana with Hubert de Blanck, Carlos Anckermann, and Ignacio Cervantes, who had a significant influence on him. Some of his notable works include the opera "Yumurí," the ballet "Dioné," the "Christmas Oratorio," and the "Cantata Anacaona." His song "Corazón," featured in this anthology, is a romantic piece in the style of a light salon song where the narrator implores his heart to stop suffering from love.

Skills Strengthened:
"***Corazón***" demands the development of legato and expressiveness. It's important to maintain a moderate tempo that allows for the delivery of the text and the development of lyricism, without losing the internal rhythm.

19

Composed in 2014 by **Nicolás Gutiérrez (b.1992)** as part of the cycle ***"Nostalgias del abuelo,"*** written to celebrate the 10th anniversary of the *Barcelona Festival of Song*, "Ester" is a love song with text by **Mariano Melendro (1894-1989)**, the composer's greatgrandfather. In a neoromantic style influenced by the aesthetics of musical theater, with its wide range, ***"Ester"*** demands the development of long phrases. Nicolás Gutiérrez holds a doctorate in composition from Florida State University and composes symphonic works, chamber choral pieces, and music for films. He has composed numerous song cycles premiered at the Barcelona Festival of Song.

Skills Strengthened:
With its wide range, ***"Esther"*** demands the development of legato and very clear, expressive diction of the text. The music is closely aligned with the text, and the singer must understand the meaning of each word to convey expressiveness and communicate the sense of the poetry.

20

From **Pedro Biava**, a second work included is *"Vocalización,"* a piece conceived for pedagogical purposes. It's designed as a progressive vocal exercise challenging the singer and promoting the development of legato. Biava composed this piece specifically for a colleague of his, a voice teacher, to use with her students.

Skills Strengthened:
"Vocalización" is an excellent exercise for training and warming up the voice, exploring the entire vocal range gradually until reaching high notes with soft vowels that facilitate clear emission. Additionally, it promotes the development of vocal agility and facilitates learning of ascending and descending intervals.

21

Julio de Osma (1888-1938), born in Barcelona, is the author of *"Más cerca de mi te siento,"* with text by **Ramón Campoamor (1817-1901)**. This song is part of the cycle *"Cantares de mi tierra,"* characterized by its Andalusian style. Osma received training in sacred music, piano, and composition in Barcelona and Paris. In 1915, he founded the Conservatorio de Música in San José, Costa Rica, and during the 1920s, he toured Russia with the tenor Sergei Radamsky.

Skills Strengthened:
"Más cerca de mi te siento" is a love song in an Andalusian style that is useful for learning ornaments, triplets, and developing agility.

22

Fernando Soria (1860-1937) was a prominent Mexican composer, pianist, teacher, and music critic known for his prolific work. He wrote seven songs for voice and piano, as well as numerous choral pieces during the last third of the 19th century not only in Mexico but also in Guatemala, Mexico City, and Veracruz. (Bringas, 2020) *"El canto del cisne"* is one of his most recognized works, a song with a habanera rhythm and ABC structure, originally written for soprano with poetry attributed to F.Z.

The text of the song speaks of the pain of being alone and experiencing unrequited love. The protagonist compares his situation to the song of the swan, which according to legend, sings upon dying, and begs his distant beloved, who does not return his love, to ask for his song, because he is close to "dying of love." Thus, the song is presented as a sorrowful, tragic, and passionate work.

Skills Strengthened:

"El canto del cisne" allows for practice of legato and breath support.

23

El cubano **Eduardo Sánchez de Fuentes (1874 - 1944)** e is the author of *"Romance de dolorosa,"* with a libretto by **Federico Uhrbach (1873 - 1932)**, which is part of his opera "Dolorosa," premiered at the Teatro Balbo in Turin in 1911. It is a love song in which the protagonist recalls the joy of love and dreams of a love that she does not have in reality, depicting a painful and sad reality.

Skills Strengthened:

"Romance de dolorosa" provides an opportunity to develop legato and improve the ability to sustain a note over several measures with proper vocal support.

24

The book concludes with Marfa's romance titled *"De mi amor el sol hermoso"* from the comic opera "Keofar" by the Mexican composer, violinist, and pianist **Felipe Villanueva (1862-1893),** one of the most prominent figures of Mexican Romanticism, known for numerous mazurkas, polkas, dances, and waltzes. "Keofar," with its exotic theme, is set in Tsarist Russia. This verismo-inspired opera consists of three acts and tells the story of a political conspiracy against a tyrant by a Russian nihilist anarchist group. (Mercado, 2016) It likely relates to the assassination of Tsar Alexander II in 1882. According to Juan Ramón Sandoval, the researcher who discovered the work: "Creating a somewhat exotic work with a nihilist-anarchist theme in Russia is a kind of indirect denunciation of the injustices prevailing in Mexican society at the time." The composer died at the age of 31, and the opera premiered posthumously at the Teatro Principal.

Skills Strengthened:

De mi amor el sol hermoso is a demanding aria that requires the development of legato, agility, and vocal support. The text describes Marfa's desolate and unrequited love, her suffering in the face of Keofar's indifference.

38

POESÍAS, TRADUCCIONES
Y TRANSCRIPCIONES FONÉTICAS

POEMS, TRANSLATIONS & PHONETIC TRANSCRIPTIONS

1

MÁS VALE TROCAR | [ˈmaz ˈβa.le tɾoˈkaɾ] | It's better to exchange

Music & poetry by **Juan del Encina** (1468 - 1529) *Spain*

[maz ˈβa.le tɾoˈkaɾ plaˈθeɾ   poɾ   ðoˈlo.ɾes   k‿esˈtaɾ sin aˈmo.ɾes]
Más vale trocar placer   por   dolores   que estar sin amores.
It's better to exchange pleasure for pain than to be without love.

[ˈdon.d‿ez   ɣɾa.ðeˈθi.ðo ez ˈðul.θ‿el   moˈɾiɾ]
Donde es   gradecido   es dulce el morir,
If you are   grateful   it is sweet to die

[biˈβiɾ   en olˈβi.ðo   aˈkel no‿ez βiˈβiɾ]
vivir   en olvido,   aquel no es vivir.
To live in oblivion, that is not living

[meˈxoɾ   es suˈfɾiɾ paˈsjon i ðoˈlo.ɾes   k‿esˈtaɾ sin aˈmo.ɾes]
Mejor   es sufrir pasión y dolores   que estar sin amores.
It is better to suffer passion and pains; than to live without love

[ez ˈβi.ða peɾˈði.ða βiˈβiɾ sin aˈmaɾ]
Es vida   perdida   vivir sin amar,
It is a wasted life to live without love

[i mas es ke ˈβi.ða saˈbeɾ.la‿em.pleˈaɾ]
Y más es que vida   saberla emplear.
Life is so much more, if you know how to use it.

[maz ˈβa.le peˈnaɾ suˈfɾjen.do ðoˈlo.ɾes k‿esˈtaɾ sin aˈmo.ɾes]
Más vale penar sufriendo dolores que estar sin amores.
It's better to grieve suffering pains; than to be without love.

[aˈmoɾ ke no ˈpe.na no ˈpi.ða plaˈθeɾ]
Amor que no pena no pida placer,
Love that has no sadness doesn't ask for pleasure

[pwez ja le kon.'de.na su 'po.ko ke.'reɾ]
Pues ya le condena su poco querer.
But it is already condemned by such little desire.

[me.'xoɾ es peɾ.'ðeɾ pla.'θeɾ poɾ ðo.'lo.ɾes k‿es.'taɾ sin a.'mo.ɾes]
Mejor es perder placer por dolores que estar sin amores.
It is better to lose pleasure for pain than to be without love.

2

EL VIEJO HOGAR ARGENTINO [el 'βje.x‿o.'ɣaɾ aɾ.xen.'ti.no]
The Old Argentinian Home

Music by **Leopoldo Corretjer** (1862-1941) *Argentina*
Poetry by **Carlos Guido y Spano** (1827-1918) *Argentina*

['be.ʒa‿es la 'βi.ða ke‿a la 'som.bɾa 'pa.sa]
Bella es la vida que a la sombra pasa.
Beautiful is the life that passes in the shadows.

['del e.ɾe.'ða.ð‿o.'ɣaɾ | el 'om.bɾe 'fweɾ.te]
Del heredado hogar; el hombre fuerte
From the inherited home; the strong man

[kon.'tɾa el 'as.pe.ɾo em.'ba.te ðe la 'sweɾ.te]
Contra el áspero embate de la suerte.
Against the harsh onslaught of fate

['pwe.ðe a.'ʒi a.bɾo.ke.'laɾ.s‿en su βiɾ.'tuð]
Puede allí abroquelarse en su virtud.
He can there buckle down in his virtue

[sj‿es 'ðu.ɾo‿el 'tjem.po‿i la foɾ.'tu.na‿es.'ka.sa]
Si es duro el tiempo y la fortuna escasa,
If time is hard and fortune is scarce,

['si‿el a.e.'re.o kas.'ti.ʒo 'βje.ne‿a.'βa.xo]
Si‿el aereo castillo viene‿abajo,
If the lofty castle comes down,

['ke.ða la 'no.βle 'lu.tʃa ðel tra.'βa.xo]
Queda la noble lucha del trabajo,
There remains the noble struggle of work,

[la‿es.pe.'ran.sa‿el a.'mor la xu.βen.'tuð]
La‿esperanza‿el amor, la juventud.
Hope, love, youth.

['i.xos βe.'nið en de.re.'ðor a.'ku.ða 'βwes.tra 'ma.ðre tam.'bjen]
Hijos venid en derredor; acuda vuestra madre también;
Children, come round about; let your mother come also;

['fjel kom.pa.'ɲe.ra i le.βan.'tað a 'ðjos 'koɱ 'fe sin.'se.ra]
¡fiel compañera! Y levantad a Dios con fe sincera
Faithful companion! And lift up to God with sincere faith

['bwes.tra fer.'βjen.te 'kan.di.ða‿o.ra.'sjon]
Vuestra ferviente, cándida‿oración.
Your fervent, candid prayer

['el 'es 'kjen nos re.'u.ne‿i nos es.'ku.ða]
El es quién nos reune‿y nos escuda,
He is the one who gathers us and shields us,

['kjem 'pu.so‿em 'bwes.tros em 'bwes.tros 'la.βjos la son.'ri.sa]
Quien puso‿en vuestros, en vuestros labios la sonrisa,
Who put on your lips the smile,

[da swa.'ro.m‿a la flor | 'bwe.lo‿a la 'βri.sa 'βwe.lo‿a la 'βri.sa]
Da su‿aroma a la flor, vuelo‿a la brisa, vuelo‿a la brisa,
He gives his scent to the flower, flight to the breeze,

['lus a 'los 'as.tros 'pas al ko.ra.'son]
Luz a los astros, paz al corazón
Light to the stars, peace to the heart

[des.'pwes ðe la fa.'ti.ɣa‿i ðel naːu.'fra.xjo]
Después de la fatiga y del naufragio
After fatigue and shipwreck

[an.'si.o ro.ðe.'ar.me ðe ka.'ri.ɲos]
Ansío rodearme de cariños;
I long to surround myself with affection;

[la se.'re.na‿i.no.'sen.sja ðe los 'ni.ɲos ðe la‿e.'ri.ða mor.'tal 'kal.ma‿el ðo.'lor]
La serena inocencia de los niños de la herida mortal calma el dolor,
The serene innocence of the children of the mortal wound soothes the pain,

[es 'pa.ra‿el por.βe.'nir 'ðul.se pre.'sa.xjo ke‿al 'om.bre kon el 'mun.do re.kon.'si.lja]
Es para el porvenir dulce presagio que al hombre con el mundo reconcilia
It is a sweet omen for the future that reconciles man with the world

[el βer kre.'ser en 'tor.no la fa.'mi.lja 'βa.xo las 'san.tas 'le.ʒes ðel a.'mor]
El ver crecer en torno la familia bajo las santas leyes del amor.
to see the family grow around him under the holy laws of love.

3

VIRGENCITA DEL ALMA | [vir.xen.'si.ta ðel 'al.ma]
Blessed virgin of the soul

Traditional Mexican

[vir.xen.'si.ta ðel 'al.ma 'ðul.se‿a.'mor 'mi.o]
Virgencita del alma dulce amor mío
Blessed virgin of the soul, my sweet love,

['de.xa ke ðe.po.'si.te um 'be.so 'mi.o en tu ði.'βi.na 'βo.ka]
deja que deposite un beso mio en tu divina boca
let me deposit a kiss of mine on your divine mouth,

[floɾ eŋ.kaɾ.ˈna.ða ka.pu.ˈʝi.to ðe ˈro.sa ðe lus βa.ˈɲa.ða]
Flor encarnada capullito   de rosa de luz bañada.
incarnate flower, rose bud of light bathed.

[pen.ˈsan.do jo̯en twa.ˈmoɾ me ˈkɾe.o ði.ˈtʃo.so]
Pensando yo̯en tu̯amor me creo dichoso
Thinking of your love, I think I'm happy:

[to.ðo lo mi.ɾo̯a.ˈsul jes.plen.do.ˈɾo.so]
Todo lo miro̯azul y̯esplendoroso
I look at everything, blue and splendid,

[ˈle.xos de twa.ˈmoɾ to.ðo̯es som.ˈbɾi.o]
Lejos de tu̯amor   todo̯es sombrío
Far from your love, all is gloomy,

[ka.pu.ˈʝi.to ðe ˈro.sa ˈðul.se̯a.ˈmoɾ ˈmi.o]
Capullito de rosa   dulce̯amor mío.
little bud of sweet rose, my love.

[ˈson ˈon.dos sus.ˈpi.ɾos ðe̯a.ˈmoɾ]
son hondos suspiros de̯amor
They are deep sighs of love

[de ˈði.as ˈke ˈxa.mas ˈan ˈde βol.ˈβeɾ]
de días que jamas han de volver
Of days that will never come back

4

MADRIGAL | [ma.ðɾi.ˈɣal] | *Madrigal*

Music by **Hans Federico Neuman** (1917-1992) *Colombia*
Poetry by **Julio Florez** (1867-1923) *Colombia*

[me ˈði.seŋ ke tu βo.ka‿es uŋ xo.ˈje.ɾo ðe ko.ˈɾa.les i ˈpeɾ.las y ru.ˈβi.es]
Me dicen que tu boca es un joyero de corales y perlas y rubíes.
They tell me that your mouth is a jewelry box of corals and pearls and rubies.

[ˈri.ko te.ˈso.ɾo ke‿að.mi.ˈɾaɾ es.ˈpe.ɾo sj‿al.ˈɣu.na βes em mi pɾe.ˈsen.sja ˈri.es]
Rico tesoro que admirar espero si alguna vez en mi presencia ríes.
A rich treasure to admire awaits if you were to laugh in my presence

5

ALDITA | [al.ˈdi.ta] | *Aldita*

Music & Poetry by **Luis Humberto Salgado** (1903-1977) *Ecuador*

[ˈbe.ja ne.ˈni.ta | ˈdul.se al.ˈdi.ta ˈsje.ra los ˈo.xos | ˈdweɾ.me.te ja]
Bella nenita, dulce Aldita, cierra los ojos, duérmete ya.
Beautiful little girl, sweet Aldita, close your eyes, go to sleep now.

[um ˈpaɾ ð‿es.ˈtɾe.jas ˈson tus pu.ˈpi.las ˈke paɾ.pa.ˈðe.am ˈpa.ɾa ðoɾ.ˈmiɾ]
Un par de estrellas son tus pupilas, que parpadean para dormir.
A pair of stars are your pupils, which blink to sleep.

6

LA NIÑA Y EL ARPA | [la ˈni.ɲa jˌel ˈaɾ.pa] | *The girl and the harp*

Music by **Jaime Mendoza-Nava** (1925-2005) *Bolivia*
Poetry by **Antonio Avila Jiménez** (1898-1965) *Bolivia*

[los ˈo.xos ðe los ˈla.ɣos | son um mis.ˈte.ɾjo]
Los ojos de los lagos son un misterio
The eyes of the lakes are a mystery

[ˈko.mo los ˈo.xos ðe la ˈni.ɲa ke ˈto.kaˌel ˈaɾ.pa]
Como los ojos de la niña que tocaˌel arpa
Like the eyes of the girl who plays the harp

[ma.ˈðu.ɾas le.xa.ˈni.as en el pɾe.ˈte.ɾi.to]
Maduras lejanías en el pretérito
Ripe distances in the past

[ˈtje.nˌel o.ɾi.ˈson.te ðe ˈsus pu.ˈpi.las]
Tiene el horizonte de sus pupilas
It has the horizon of its pupils

[ˈkjen di.ˈɾi.a en la ˈsom.bɾa ðe las o.ˈxi.βas]
Quién diría en la sombra de las ojivas
Who would say in the shadow of the archways

[las pe.ˈke.ɲas pa.ˈla.βɾas en las ˈtaɾ.ðes ðe ˈʎu.βja]
Las pequeñas palabras en las tardes de lluvia.
The little words on rainy afternoons.

[al ˈβi.βɾaɾ ðe las kweɾ.ðas en las ˈma.nos a:u.ˈsen.tes]
Al vibrar de las cuerdas en las manos ausentes
To the vibrations of the strings in the absent hands

[de la ˈni.ɲa ke ˈto.kaˌel ˈaɾ.pa]
De la niña que tocaˌel arpa.
From the girl that plays the harp.

[de.ˈtɾas ðe sus ka.ˈβe.jos in.de.fi.ˈni.βles
Detrás de sus cabellos indefinibles
Behind her indefinable hair,

la ˈmu.si.ka ðe ˈsi.ɣlos ˈxun.ta las ˈma.nos]
la música de siglos junta las manos!
the music of centuries joins her hands!

7

PARA VIVIR | [ˈpa.ɾa βi.ˈβiɾ] | *To live*

Music by **Patricia Caicedo** (b.1969) *Colombia*
Poetry by **Raúl Gustavo Aguirre** (1927-1983) *Argentina*

[ˈpa.ɾa βi.ˈβiɾ ˈjo βus.ˈke‿un ˈsi.tjo‿os.ˈku.ɾo ˈpa.ɾa βi.ˈβiɾ]
Para vivir, yo busqué un sitio oscuro. Para vivir.
To live, I looked for a dark place. To live.

[ˈpa.ɾa βi.ˈβiɾ pɾak.ti.ˈk‿el mi.me.ˈtis.mo ˈpa.ɾa βi.ˈβiɾ]
Para vivir, practiqué el mimetismo. Para vivir.
To live, I practiced mimicry. To live.

[ˈpa.ɾa βi.ˈβiɾ me kom.ˈpu.se ˈmil ˈka.ɾas]
Para vivir, me compuse mil caras.
To live I made up a thousand faces.

[ˈmil ˈka.ɾas i.no.ˈsen.tes ˈmil ˈka.ɾas kom.pla.ˈsjen.tes ˈpa.ɾa βi.ˈβiɾ]
Mil caras inocentes mil caras complacientes. Para vivir.
A thousand innocent faces, a thousand obliging faces. To live.

[ˈmil ˈka.ɾas ði.fe.ˈɾen.tes mj‿a.ˈmoɾ mi ˈβwen a.ˈmoɾ]
Mil caras diferentes mi amor mi buen amor,
A thousand different faces, my love, my good love,

[mj‿a.ˈmoɾ ˈke ˈso.lo ˈtje.ne la ˈka.ɾa ðel a.ˈmoɾ]
mi amor que solo tiene la cara del amor.
My love that only has the face of love.

[ˈjo kaˈβa.βa la ˈtje.ra kaˈja.βa m‿es.konˈdi.a]
Yo cavaba la tierra, callaba, me‿escondía,
I dug the earth, I kept quiet, I hid,

[boˈre ˈto.ðas mis ˈwe.jas me ðeˈsi.se ðe ˈto.ðo mj‿aˈmor ˈpa.ɾa βiˈβiɾ]
borré todas mis huellas, me deshice de todo, mi‿amor, para vivir.
I erased all my traces, I got rid of everything, my love, to live.

[ˈpa.ɾa βiˈβiɾ ˈjo βusˈke‿un ˈsi.tjo ˈpu.ɾo ˈpa.ɾa βiˈβiɾ]
Para vivir, yo busqué‿un sitio puro. Para vivir.
To live, I looked for a pure place. To live.

[ˈpa.ɾa βiˈβiɾ ˈso.lo‿aˈβi.a ˈes.te‿aˈβis.mo mj‿aˈmor ˈpa.ɾa βiˈβiɾ]
Para vivir, sólo‿había este‿abismo, mi‿amor, para vivir.
To live, there was only this abyss, my love, to live

8

LA MALA SUERTE | [la ˈma.la ˈsweɾ.te] | *Bad Luck*

Music by **Patricia Caicedo** (b. 1969) *Colombia*
Poetry by **Hebe Monges** (1928-2014) *Argentina*

[la ˈlu.na ˈe.se ˈsje.lo amˈbi.ɣwo]
La luna, ese cielo ambiguo
The moon, that ambiguous sky

[ˈdon.de te ˈβus.ko]
Donde te busco
Where I look for you

[ˈes.ta ˈβi.ða ˈk‿es ˈmweɾ.te]
Esta vida que‿es muerte.
This life that is death.

[kon.de.ˈna.ð‿a se.ˈɣiɾ ˈðes.ð‿el ˈmaɾ.xen]
Condenada‿a seguir desde‿el margen
Doomed to follow from the sidelines

[um be.ˈɾa.no ˈpa.ɾa‿ˈo.tros peɾ.ˈfek.to]
Un verano para‿otros perfecto.
A summer for others perfect.

[ˈes.te‿a.ˈmoɾ i.ˈnu.til]
Este‿amor inútil,
This useless love,

[des.peɾ.ði.ˈsja.ðo re.tʃa.ˈsa.ðo so.li.ˈta.ɾjo]
Desperdiciado, rechazado, solitario:
Wasted, rejected, lonely:

[ˈes.to‿ˈes la ˈma.la ˈsweɾ.te]
Esto‿es la mala suerte.
This is bad luck.

9

MÁS QUE NUNCA | [ˈmas ˈke ˈnuŋ.ka] | *More than ever*

Music by **Jaime León** (1921-2015) *Colombia*
Poetry by **Maruja Vieira** (1922-2023) *Colombia*

[ˈpoɾ.ke‿a.ˈmaɾ.te ˈes a.ˈsi ðe ˈðul.se‿i ˈon.do]
Porque‿amarte es así de dulce‿y hondo
Because loving you is sweet and deep

[ˈko.mo‿ˈes.ta ˈfjel se.ɾe.ni.ˈðað ðel ˈa.ɣwa ke ˈko.re]
como‿esta fiel serenidad del agua que corre
Like the faithful serenity of the flowing water

[poɾ l‿a.ˈse.kja ðe.ra.ˈman.do]
por la‿acequia derramando
Pouring from the stream

[su a.mo.ˈro.sa teɾ.ˈnu.ɾa ˈso.βɾ‿el ˈkam.po]
su amorosa ternura sobre‿el campo
Her loving tenderness over the field

[te ˈa.mo‿en ˈes.te ˈsi.tjo ðe kam.ˈpa.nas i ˈar.βo.les]
Te amo‿en este sitio de campanas y árboles
I love you in this place of bells and trees

[en ˈes.ta ˈβri.sa en ˈes.tos xas.ˈmi.nes i ˈes.tas ˈða.ljas]
en esta brisa en estos jazmines y estas dalias
In this breeze amidst these jasmines and these dahlias

10

LA VIEJA MESA | [la ˈβje.xa ˈme.sa] | *The Old Table*
Music by **Jaime León** (1921-2015) *Colombia*
Poetry by **Efraín Leonidas Pérez Castro** (1912-2001) *Ecuador*

[aːi ˈmwe.βles an.ˈti.ɣwos ke son a la ma.ˈne.ɾa ðe ˈmjem.βros ðe fa.ˈmi.lja]
Hay muebles antiguos que son a la manera de miembros de familia
There are antique pieces of furniture that are in the manner of family members

[ke no ˈpwe.ðen a.ˈβlaɾ ˈu.na ˈsi.ʝa un ro.ˈpe.ɾo ˈu.na ˈka.ma un es.ˈpe.xo]
que no pueden hablar una silla un ropero una cama un espejo
Who can't talk, a chair, a wardrobe, a bed, a mirror

[tes.ˈti.ɣos si.len.ˈsjo.sos ðel ˈðja.rjo tɾa.xi.ˈnaɾ]
testigos silenciosos del diario trajinar
Silent witnesses of the daily hustle and bustle

[ʝo re.ˈkweɾ.ðo ˈu.na ˈme.sa ke ˈlaɾ.ɣo ˈtjem.po ˈfwe.ɾa ðe sa.ˈβro.sas teɾ.ˈtu.ljas]
yo recuerdo una mesa que largo tiempo fuera de sabrosas tertulias
I remember a table that for a long time was the site of tasty gatherings

[tes.ˈti.ɣo pɾe.sen.ˈsjal ˈdja.lo.ɣos im.fan.ˈti.les ma.ti.ˈsa.ðos ðe ˈri.sas xu.βe.ˈni.les]
testigo presencial diálogos infantiles matizados de risas juveniles
Eyewitness to children's dialogues tinged with youthful laughter

[dis.ˈpu.tas mi ˈðu.ɾo ka.mi.ˈnaɾ pa.ˈɾe.se me ˈke a.ˈum ˈbe.o a.ˈʝi]
disputas mi duro caminar parece me que aún veo allí
Disputes, my hard journey, I still seem to see there

[en la ka.βe.ˈse.ɾa ðe‿a.ˈke.ja an.ˈti.ɣwa ˈme.sa]
en la cabecera de aquella antigua mesa
at the head of that old table

[a mi ˈpa.ðɾe‿i.ra.ˈðjaɾ la ˈlus ðe sus mi.ˈɾa.ðas sus ˈfɾa.ses a.fek.ˈtwo.sas]
a mi padre irradiar la luz de sus miradas sus frases afectuosas
My father radiates light from his glances, his affectionate phrases

[ˈke ˈe.ɾam ˈpa.ɾa los ˈi.xos ˈmu.si.ka se.les.ˈtjal]
que eran para los hijos música celestial
That were to the children heavenly music

[ˈkwan.tas ˈβe.ses sen.ˈta.ðos a.ˈʝi ˈxun.to‿a ˈe.sa ˈme.sa]
cuantas veces sentados allí junto a esa mesa
How many times did we sit there at that table

[ˈβi.mos ˈple.nos ðe ˈði.tʃa el ˈnwe.βo ˈa.ɲo]
vimos plenos de dicha el nuevo año
and see the new year full of bliss?

[ˈke kom.mo.ˈβje.ɾon ˈto.ðo el ˈam.bi.to fa.mi.ˈljaɾ]
que conmovieron todo el ámbito familiar.
that moved/touched the whole family environment.

[ˈdon.d‿ˈes.ta ˈo:i ˈe.sa ˈðul.se i a.ˈma.ða a.ˈmi.ɣa ˈnwes.tɾa]
donde esta hoy esa dulce y amada amiga nuestra
Where's that sweet and beloved friend of ours today

[ˈʝo ki.ˈsje.ɾa a su ˈla.ðo ˈu.na ˈβes mas ʝe.ˈɣaɾ]
yo quisiera a su lado una vez más llegar
I'd like to be by your side one more time

[ˈe‿iŋ.kli.ˈnaɾ ˈso.βɾ‿ˈe.ja la ˈfɾen.te ˈkwal si ˈfwe.ɾa]
e inclinar sobre ella la frente cual si fuera
and bow my forehead as if it were

[el pja.ˈðo.so i βen.ˈdi.to re.ˈɣa.so ma.teɾ.ˈnal]
el piadoso y bendito regazo maternal
the pious and blessed motherly bosom

[de.ˈsiɾ.l‿em ˈbos muːi ˈβa.xa]
decirle‿en   voz muy baja
Tell her in a very low voice

[ˈko.mo la ˈβi.ða ˈma.la a ˈe.sos ˈma.los tʃi.ˈki.jos   ˈsu.po ˈlwe.ɣo tɾa.ˈtaɾ]
como   la vida mala a esos malos chiquillos supo luego tratar
how the bad life then knew how to treat those bad children

[i sin.ˈtjen.do.me ˈni.ɲo ˈko.mo‿en.ˈton.ses lo ˈfwe.ɾa]
y sintiéndome   niño   como‿entonces lo fuera
and feeling like a child as I was then

[ˈu.na ˈla.ɣɾi.m‿ˈaɾðjen.t‿en sus ˈrwi.nas ðe.ˈxaɾ]
una   lágrima‿ardiente‿en sus ruinas dejar
A burning tear in its ruins leave

11

EL NIDO | [el ˈni.ðo] | *The Nest*

Music by **Alfonso Broqua** (1876 - 1946) *Uruguay*
Poetry by **Fernán Silva Valdés** (1887 -1975) *Uruguay*

[los ˈaɾ.βo.les ˈke ˈno ˈðaɱ ˈflo.ɾes | ˈdan ˈni.ðos]
Los árboles   que no dan flores dan nidos;
Trees that don't give flowers give nests;

[j‿un ˈni.ðo‿ˈes ˈu.na ˈfloɾ kom ˈpe.ta.los ðe ˈplu.ma]
Y un nido‿es una flor   con   pétalos de pluma;
And a nest is a flower with feather petals;

[un ˈni.ðo‿ˈes ˈu.na ˈfloɾ ˈku.ʒo peɾ.ˈfu.me ˈen.tɾa poɾ los o.ˈi.ðos]
Un nido‿es una flor cuyo perfume entra por los oídos.
A nest is a flower whose perfume enters through the ears.

[los ˈaɾ.βo.les ˈke ˈno ˈðam ˈflo.res | ˈdan ˈni.ðos]
Los árboles que no dan flores dan nidos.
Trees that don't bear flowers give nests.

12

EL TANGO | [el ˈtaŋ.go] | *The Tango*

Music by **Alfonso Broqua** (1876 - 1946) *Uruguay*
Poetry by **Fernán Silva Valdés** (1887 -1975) *Uruguay*

[ˈtaŋ.go mi.loŋˈgon ko.ɾaˈson del a.ɾaˈβal]
Tango milongón, corazón del arrabal;
Tango milongón, heart of the suburbs;

[ˈe.ɾes ˈko.mo‿ˈu.na βiˈɾu.ta mu.siˈkal]
Eres como una viruta musical,
You are a little piece of music,

[ˈko.mo ˈu.na βiˈɾu.ta ðe ˈβan.do neˈon]
Como una viruta de bandoneón,
Like a little piece of the bandoneón,

[ˈko.mo‿ˈu.na ˈke.xa ˈke s‿esˈti.ɾa]
Como una queja que se estira
Like a complaint that stretches

[pɾo.ðuˈsjen.do‿es.koˈsoɾ i plaˈseɾ]
produciendo escozor y placer;
producing heartache and pleasure;

[ˈe.ɾes ˈu.na ˈmu.si.ka ˈke se resˈpi.ɾa]
Eres una música que se respira,
You're a music that can be breathed,

[ˈke ˈtje.ne ˈfoɾ.ma ðe ˈkuɾ.βa i ˈke ˈwe.le a muˈxeɾ]
Que tiene forma de curva y que huele a mujer.
That it is shaped like a curve and that smells like a woman.

['ˈmu.si.ka pɾi.mi.ˈti.βa ˈpe.ɾo si.βi.li.ˈsa.ða]
Música primitiva pero civilizada;
Primitive but civilized music;

[ˈke ka.ˈljen.ta la ˈsaŋ.gɾe j‿em.bo.ˈra.tʃ‿a las ˈxen.tes]
Que calienta la sangre y‿emborracha‿a las gentes;
That warms the blood and makes people drunk,

[ˈu.na ˈmu.si.ka ˈra.ɾa ˈke se‿a.kom.ˈpa.ɲa kon el ˈkwer.po]
Una música rara que se‿acompaña con el cuerpo,
A strange music that accompanies itself with the body,

[i kon los ˈla.βjos i kon los ˈðjen.tes ˈko.mo si se mas.ˈka.ɾa]
Y con los labios, y con los dientes, como si se mascara.
And with the lips, and with the teeth, as if it could be chewed.

[pe.ɣa.ˈxo.sa ˈko.mo la ˈmjel i ˈke fa.ˈti.ɣa siɱ fa.ti.ˈɣaɾ]
Pegajosa como la miel, y que fatiga sin fatigar,
Sticky as honey, and that tires without tiring,

[res.ˈβa.la poɾ los ˈner.βjos ˈko.mo poɾ un ˈrjel]
Resbala por los nervios como por un riel,
It slides down the nerves like a rail,

[i se ˈβaɪ.la kon los ˈsiŋ.ko sen.ˈti.ðos ˈpwes.tos en el βaɪ.ˈlaɾ]
Y se baila con los cinco sentidos puestos en el bailar.
And you dance with all five senses focused on dancing.

[ˈtaŋ.go poɾ ˈen.tɾe la ka.ˈðen.sja ðe tu ˈmu.si.ka ˈke.ða]
Tango: por entre la cadencia de tu música queda,
Tango: between the cadence of your music remains,

[ˈʒo ˈpal.po la ðu.ˈɾe.sa ˈβi.βa ðel a.ra.ˈβal]
Yo palpo la dureza viva del arrabal,
I feel the harshness of the suburbs,

[ˈko.mo poɾ ˈen.tɾe‿u.na ˈβaɪ.na ðe ˈse.ða la ˈo.xa ðe‿um pu.ˈɲal]
Como por entre‿una vaina de seda la hoja de‿un puñal.
As if through a silk scabbard the blade of a dagger.

['taŋ.go mi.loŋ.'gon 'taŋ.go kom.pa.'ðɾon]
Tango milongón, tango compadrón
Tango milongón, tango compadrón

['ke‿a pe.'sar ðe βaːi.'laɾ.se kon 'to.ðas las 'ɣa.nas]
Que‿a pesar de bailarse   con todas las ganas
That despite dancing with all the desire

[se 'βaːi.la 'ko.mo siŋ 'ga.nas]
Se baila "como sin ganas."
It is danced "as if without desire."

['ko.mo eŋ ka.'ri.les ðe len.ti.'tuð]
Como en carriles de lentitud;
Like in slow lanes;

['e.ɾes un es.'ta.ðo ðe 'al.ma ðe la mul.ti.'tuð]
Eres un estado de alma de la multitud.
You are a soul state of the crowd.

Note: bandoneón - *is a type of concertina particularly popular in Argentina and Uruguay. It is a typical instrument in most tango ensembles.*

13

KORI KILLA | ['ko.ɾi 'ki.ja] | *Kori Killa*

Music & Poetry by **Eduardo Caba** (1890 -1953) *Bolivia*

[tʃuŋ.ki.'tuːi   ko.li.'laːi   'es la 'no.βja ðe mi ko.ɾa.'son]
Chunquituy... Kolilay... es la novia de mi corazón.
Sweetheart...   Kolilay... is the bride of my heart.

['ko.mo‿el 'sol   βje.ne.'tʃoɾ   em.bal.'sa.ma 'to.ðo mi ðo.'loɾ]
como‿el sol   bienhechor embalsama   todo mi dolor.
As the benevolent sun embalms all of my pain.

['ko.mo 'a.ɣwa 'kla.ɾa‿i: 'pu.ɾa ðe 'ɣɾan eɾ.mo.'su.ɾa]
Como agua clara y pura de gran hermosura,
Like clear and pure water of great beauty,

['es mi 'no.βja 'ko.ɾi 'ki.ja ðel lu.'ɣaɾ la me.'xoɾ]
Es mi novia "Kori Killa" del lugar, la mejor.
It's my girlfriend "Kori Killa" of the place, the best.

[a aːi tʃuŋ.ki.'tuːi ko.li.'laːi 'es la 'no.βja ðe mi ko.ɾa.'son]
A... Ay...Chunquituy... Kolilay... es la novia de mi corazón.
Ah...Ay...Sweetheart... Kolilay... is the bride of my heart.

14

LA VICUÑITA | La vicuñita [la βi.ku.'ɲi.ta] | *The little vicuña*

Music & poetry by **Theodoro Valcárcel (1898 - 1942)** *Peru*

['e.ɾa la 'mas 'βe.ja 'floɾ 'ke 'βjo la 'lus ðe la koɾ.ði.'ʝe.ɾa]
Era la más bella flor que vio la luz de la cordillera
It was the most beautiful flower that ever saw the light of the mountain range

[bi.'ku.ɲa ðe 'βlan.do βe.'ʝon a 'ki‿en 'so.lo 'su.pe‿a.ðo.'ɾaɾ]
vicuña de blando vellón a qui en solo supe adorar
Vicuña of soft fleece whom I only knew how to adore

['aːi a.'moɾ | 'don.de te‿as 'i.ðo 'ðon.de te‿as 'i.ðo 'sa.βe 'ðjos]
¡Ay! amor, donde te has ido donde te has ido sabe Dios
Alas! Love, where you've gone, where you've gone God only knows

['es i.'nu.til 'ke se 'ʝo.ɾe ko.ɾa.'som poɾ um 'ba.ɣo‿a.'ne.lo]
Es inútil que se llore corazón por un vago anhelo
It is useless for the heart to weep over a vague longing

[poɾ un a.ˈmoɾ ˈke ˈno‿a ðe ˈseɾ ko.ɾa.ˈsoŋ ˈkal.ma tu pe.ˈnaɾ]
por un amor que no ha de ser corazón calma tu penar
For a love that is not to be a heart, soothe your sorrow

[ol.ˈβi.ða si ˈsa.βes ˈke ˈto.ðo pa.ˈsa.ɾa]
olvida si sabes que todo pasara.
Forget if you know it will all pass.

[si xa.ˈmas ten.ˈdɾe tw‿a.ˈmoɾ | bi.ku.ˈɲi.ta ˈno ˈe ðe ke.ˈxaɾ.me]
Si jamás tendré tu amor, vicuñita no he de quejarme,
If I'll never have your love, little vicuña I won't complain

[ˈpe.ɾo ˈko.mo ˈno‿e ðe ʝo.ˈɾaɾ si ja ˈna.ða ˈteŋ.go sin ˈti]
pero como no he de llorar si ya nada tengo sin ti.
But how can I not cry if I have nothing without you?

[ˈaːi a.ˈmoɾ ˈðon.de te‿as ˈi.ðo | ˈdon.de te‿as ˈi.ðo ˈsa.βe ˈðjos]
Ay amor donde te has ido, donde te has ido sabe Dios
Oh love, where you've gone, where you've gone, God only knows

[em mis ˈtɾis.tes so.le.ˈða.ðes pen.sa.ˈɾe ke ˈto.ðo lo ˈke so.ˈɲe]
En mis tristes soledades pensaré que todo lo que soñé
In my sad solitudes I'll think that everything I dreamed of

[ˈfwe ˈso.lo ˈβa.na i.lu.ˈsjon]
fue solo vana ilusión.
It was only a vain illusion.

[ko.ɾa.ˈsoŋ ˈkal.ma tu pe.ˈnaɾ | a.ˈli.βja tus ðe.ses.pe.ˈɾan.sas sin ʝo.ˈɾaɾ]
Corazón calma tu penar alivia tus desesperanzas sin llorar.
Heart, soothe your sorrow, soothe your despair without crying.

Note: Vicuña - *a wild relative of the llama, inhabiting mountainous regions of South America and valued for its fine silky wool.*

15

TRISTES ECOS | [ˈtɾis.tes ˈe.kos] | *Sad echoes*

Music & poetry by **Theodoro Valcárcel** (1898 - 1942) *Peru*

[ˈtɾis.tes ˈe.kos me ˈtɾa.e | el ˈmaɾ kon sus ru.ˈmo.ɾes]
Tristes ecos me trae el mar con sus rumores,
Sad echoes bring me the sea with its rumors,

[ˈon.dos sus.ˈpi.ɾos ðe a.ˈmoɾ las me.ˈlo.ði.as ðel ˈmaɾ ðel ˈmaɾ]
hondos suspiros de amor, las melodías del mar del mar.
Deep sighs of love, the melodies of the sea.

[ˈson ˈon.dos sus.ˈpi.ɾos ðe‿a.ˈmoɾ]
son hondos suspiros de‿amor
They are deep sighs of love

[de ˈði.as ˈke ˈxa.mas ˈan de βol.ˈβeɾ]
de días que jamas han de volver
Of days that will never come back

[ja̯ ˈke ˈxa.mas ˈan de βol.ˈβeɾ]
ya que jamas han de volver
for they shall never return

[ja̯ | a mi ˈpe.t͡ʃo ˈpe.nas ðe‿a.ˈmoɾ]
ya a mi pecho penas de‿amor
Already in my breast pains of love

[ˈsjem.pɾe ˈson ˈdi.t͡ʃas i ðo.ˈloɾ u.ˈni.ðos]
siempre son dichas y dolor unidos.
It's always joy and pain together.

[ˈtɾis.tes ˈe.kos me ˈtɾa.e | el ˈmaɾ kon sus ru.ˈmo.ɾes]
Tristes ecos me trae el mar con sus rumores,
Sad echoes bring me the sea with its rumors,

['on.dos sus.'pi.ɾos ðe a.'moɾ las me.'lo.ði.as ðel 'maɾ ðel 'maɾ]
hondos suspiros de amor, las melodias del mar del mar.
Deep sighs of love, the melodies of the sea.

['son 'on.dos sus.'pi.ɾos ðe‿a.'moɾ]
son hondos suspiros de‿amor
They are deep sighs of love

[de 'ði.as 'ke 'xa.mas 'an 'de βol.'βeɾ]
de días que jamas han de volver
Of days that will never come back

[ja | a mi 'pe.tʃo 'pe.nas ðe‿a.'moɾ]
ya a mi pecho penas de‿amor
Already in my breast pains of love

['ke 'xa.mas 'an de βol.'βeɾ ja]
que jamas han de volver ya
That will never come back

['nuŋ.ka 'mas 'ði.tʃas i ðo.'loɾ u.'ni.ðos]
nunca mas dichas y dolor unidos.
Never again joy and pain together.

16

ECLIPSE DE BELLEZA | [e.'klip.se ðe βe.'ʝe.sa] | *Eclipse de Belleza*

Music & poetry by **Luis A. Calvo** (1882-1945) *Colombia*

[soɾ.pren.'djo.nos la 'taɾ.ð‿en la ri.'βe.ɾa ðel 'maɾ a.'sul se.'ɾe.no]
Sorprendiónos la tarde en la rivera del mar azul sereno
We were surprised by the afternoon, on the shore of the serene blue sea,

[flo.'ta.βa en li.βeɾ.'tað tu ka.βe.'ʝe.ɾa i on.du.'la.βa tu 'se.no]
flotaba en libertad tu cabellera y ondulaba tu seno.
your hair floated freely and your bosom waved.

[los re.ˈfle.xos ðel ˈsol en el o.ˈka.so ðo.ˈra.βan la βlaŋ.ˈku.ɾa]
Los reflejos del sol en el ocaso doraban la blancura
The reflections of the sun in the sunset gilded the whiteness

[im.ma.ku.ˈla.ða ðe tu ˈpjel de ˈra.sa ðe tɾans.pa.ˈɾen.sja ˈpu.ɾa]
inmaculada de tu piel de rasa de transparencia pura.
immaculate of your satin skin of pure transparency.

[el ˈas.tɾo len.ta.ˈmen.te a.ɣo.ni.ˈsa.βa eŋ ka.ˈðen.sjas ðe ˈfɾa.ɣwa]
El astro lentamente agonizaba en cadencias de fragua
The star slowly agonized in the cadences of a forge

[ˈkwal uŋ ˈglo.βo ðe ˈsaŋ.gɾe ful.ɣu.ˈɾa.βa ma.xes.ˈtwo.so en el ˈaːi.ɾe]
cual un globo de sangre fulguraba majestuoso en el aire.
like a balloon of blood glittered majestically in the air.

[j‿en las pu.ˈpi.las ˈon.das ðe tus ˈo.xos ˈɣɾan.des i βɾi.ˈjan.tes]
Y en las pupilas hondas de tus ojos grandes y brillantes
And in the deep pupils of your big, bright eyes

[ˈke ˈsoŋ ˈkaːu.sa fi.ˈnal de mis an.ˈto.xos iɱ.fi.ˈni.tos kons.ˈtan.tes]
que son causa final de mis antojos infinitos constantes.
that are the final cause of my constant infinite cravings.

[ˈtu.βe ˈse.los ðel ˈsol ˈke te βe.ˈsa.βa kon sus ˈra.jos ðe ˈo.ɾo]
Tuve celos del sol que te besaba con sus rayos de oro
I was jealous of the sun that kissed you with its golden rays,

[ˈtu.βe ˈse.los ðel ˈsol ˈke a.ka.ɾi.ˈsja.βa tu moɾ.βi.ˈðes ˈke a.ˈðo.ɾo]
tuve celos del sol que acariciaba tu morbidez que adoro.
I was jealous of the sun that caressed your softness that I adore.

[en.ˈton.ses ˈen.tɾ‿el ˈas.tɾo i tu βe.ˈje.sa me‿in.teɾ.ˈpu.se ro.ˈsan.do]
Entonces entre el astro y tu belleza me interpuse rozando
Then, between the star and your beauty, I stepped in the way, grazing

[kom mis ˈla.βjos tu ˈβo.ka ðe pɾin.ˈse.sa al ri.ˈβal e.klip.ˈsan.do]
con mis labios tu boca de princesa al rival eclipsando.
with my lips your princess-like mouth, outshining my rival.

17

LA IMAGEN DE TU PERFIL | [laː‿i.ˈma.xen de tu peɾ.ˈfil]
The image of your profile

Music by **Pedro Biava Ramponi** (1902 - 1972) *Colombia*
Poesía by **José A. Calcaño** (1900-1978) *Venezuela*

[mi.ˈɾe flo.ˈtaɾ en la ˈfwen.te la‿i.ˈma.xen de tu peɾ.ˈfil]
Miré flotar en la fuente la‿imagen de tu perfil.
I saw blossom in the fountain the image of your profile.

[la ɣɾa.βe.ˈðað xu.βe.ˈnil de tus ˈo.xos i tu ˈfɾen.te]
La gravedad juvenil de tus ojos y tu frente
The youthful gravity of your eyes and your forehead

[m‿e.mo.sjo.ˈno ðul.se.ˈmen.te ˈkwan.do ˈβa.xo‿el ˈsje.lo‿a.ˈɲil]
Me‿emocionó dulcemente cuando bajo‿el cielo‿añil
It sweetly thrilled me when beneath the indigo sky

[mi.ˈɾe flo.ˈtaɾ en la ˈfwen.te la‿i.ˈma.xen de tu peɾ.ˈfil]
Miré flotar en la fuente la‿imagen de tu perfil.
I saw floating in the fountain the image of your profile

[mi.ˈɾe | en su‿eks.pɾe.ˈsjon sa.ˈpjen.te si m‿ˈe.ɾa ˈɣɾa.ta‿u os.ˈtil ˈpe.ɾo]
Miré, en su‿expresión sapiente si me‿era grata‿u hostil pero,
I looked, in its knowing expression, whether its was pleasing to me or hostile, but,

[ˈpe.ɾo la ˈβɾi.sa‿in.si.ˈβil βo.ˈro a.pɾe.su.ɾa.ða.ˈmen.te la‿i.ˈma.xen de tu peɾ.ˈfil]
Pero la brisa‿incivil borró apresuradamente la‿imagen de tu perfil.
But the uncivil breeze hastily erased the image of your profile

18

CORAZÓN | [ko.ɾa.ˈson] | *Heart*
Music & Poetry by **Eduardo Sánchez de Fuentes** (1874 - 1944) *Cuba*

[ko.ɾa.ˈsoŋ ˈke‿ol.βi.ˈðas.te mi kon.ˈse.xo su.ˈfriɾ ˈmas ja ˈno te‿ˈðe.xo]
Corazón que olvidaste mi consejo sufrir más, ya no te dejo,
Heart you forgot my advice, I won't allow you to suffer anymore,

[si la ˈði.tʃa ˈno kon.ˈsi.βes i t‿em.ˈpe.ɲas en su.ˈfriɾ se.ˈɾas ˈmaɾ.tiɾ ðe tus ˈpe.nas]
si la dicha no concibes y te empeñas en sufrir serás mártir de tus penas,
if you don't conceive happiness and you insist on suffering, you will be a martyr for your sorrows,

[ˈpwes βi.ˈβiɾ ˈen.tre ka.ˈðe.nas ko.ɾa.ˈsoŋ ˈko.mo tu ˈβi.βes ˈno‿es βi.ˈβiɾ]
pues vivir entre cadenas, corazón como tu vives, no es vivir!
for to live in chains, heart as you live, is not living!

[ˈjo ˈβjen ˈse ˈk‿es.ˈtas e.ˈɾi.ðo ˈsjen sa.ˈe.tas al o.ˈi.ðo te sil.ˈβa.ɾon]
Yo bien sé que estás herido cien *saetas al oído te silbaron
I know well that you are wounded, a hundred arrows whistled by your ear

[i tɾaːi.ˈðo.ɾa ˈu.na ˈfwe la ˈke te‿i.ˈɾjo]
y traidora, una fue la que te hirió.
and a traitress, was the one that hurt you.

[ˈke te ˈli.βɾes ˈso.lo ˈkje.ɾo ð‿ˈe.se ˈðaɾ.ðo tɾaːi.sjo.ˈne.ɾo]
Que te libres solo quiero de ese dardo traicionero,
That you free yourself from this disloyal dart is all I wish for you.

[ˈke tu ˈβi.ða so.ɲa.ˈðo.ɾa sim pje.ˈðað em.be.ne.ˈno]
que tu vida soñadora sin piedad envenenó.
That mercilessly poisoned your imagined life.

[ko.ɾa.ˈsom ˈbwel.βe‿a ˈseɾ lo ˈke tu ˈfwis.te ˈno pa.ˈðes.kas]
Corazón vuelve a ser lo que tu fuiste no padezcas,
Heart goes back to being what you were, don't suffer,

['no̯es.'tes 'tris.te 'rom.pe̯an.'sjo.so las ka.'ðe.nas 'ke̯s.kla.'βi.san tu̯i.lu.'sjon]
no̯estés triste, rompe̯ansioso las cadenas que̯esclavizan tu̯ilusión.
Do not be sad, anxiously break the chains that enslave your illusion.

[si̯un a.'mor te̯i'.rjo̯a.le.'βo.so 'o.tro̯a.'mor te̯a.'ra ði.'tʃo.so]
Si̯un amor te̯hirió̯alevoso, otro̯amor te̯hará dichoso,
If one love hurt you treacherously, another love will make you happy,

['rom.pe̯el 'ser.ko ðe tus 'pe.nas ko.ra.'son]
rompe̯el cerco de tus penas, corazón!
Break from the barricade of your sorrows, heart!

*__saeta:__ *1. an arrow. 2. an unaccompanied partly improvised Andalusian song of lamentation or penitence sung during the religious procession on Good Friday*

19

EL CANTO DEL CISNE | [el 'kan.to ðel 'sis.ne] | *The Swan Song*
Music & Poetry by **Fernando Soria** (1860 - 1937) *México*

[me 'pi.ðes 'ke te 'kan.te mi 'pe.tʃo a.ðo.lo.'ri.ðo]
¿Me pides que te cante? Mi pecho adolorido,
Do you ask me to sing to you? My aching chest,

['ko.mo kan.'tar pu.'ðje.ra si se̯'a.ʝa en la̯or.fan.'dað]
¿Como cantar pudiera si se̯halla en la̯orfandad?
How can you sing if you are orphaned?

[el 'sis.ne̯a.ɣo.ni.'san.te 'kwan.do se̯eŋ.'kwen.tra̯e.'ri.ðo]
El cisne̯agonizante cuando se̯encuentra̯herido
The dying swan when it is injured

['a:uŋ.ke ðe̯a.'mor se 'mwe.ra 'pwe.ðe a.'ka.so kan.'tar]
aunque de̯amor se muera, ¿Puede acaso cantar?
Even if he dies of love, can he sing?

63

[si ˈpwe.ðe ˈmas ˈes ˈkwan.do‿es.ˈta ˈpɾok.si.mo a mo.ˈɾiɾ]
Si puede más es cuando está próximo a morir.
If he is able to, it is when he is close to dying.

[si ke.ˈɾes ˈke ˈjo me ˈmwe.ɾa ˈpwes ˈpi.ðe.me mi ˈkan.to]
Si querés que yo me muera pues, pídeme mi canto.
If you want me to die, then ask me for my song.

[ˈke‿im.ˈpor.ta mo.ˈɾiɾ a tus ˈpjes si te‿ˈa.mo ˈtan.to si te‿ˈa.mo ˈtan.to]
¡Que importa morir a tus pies si te amo tanto, si te amo tanto!
What does it matter to die at your feet if I love you so much, if I love you so much!

20

MÁS CERCA DE MI TE SIENTO | [ˈmas ˈθeɾ.ka ðe mi te ˈsjen.to]
Closer to me I feel you

Music by **Julio Osma** (1888-1938) *España*
Poetry by **Ramon de Campoamor** (1817-1901) *España*

[ˈmas ˈθeɾ.ka ðe ˈmi te ˈsjen.to]
Más cerca de mí te siento
Closer to me I feel you

[ˈkwan.to ˈmas ˈu.jo ðe ˈti]
Cuanto más huyo de tí,
The more I run away from you

[ˈpwes tu‿i.ˈma.xen ˈes em ˈmi]
Pues tu imágen es en mí
'Cause your image is in me

[ˈsom.bɾa ðe mi pen.sa.ˈmjen.to]
Sombra de mi pensamiento.
Shadow of my thoughts.

21

ESTER | [es.ˈteɾ] | *Esther*

Music by **Nicolas Gutiérrez** (b. 1993) *USA*
Poetry by **Mariano Melendro Serna** (1894-1989) *Colombia*

[ˈe.ɾes la ˈma.ɣa ðe mis i.lu.ˈsjo.nes la ins.ti.ɣa.ˈðo.ɾa a.ˈsul de mis a.ˈne.los]
Eres la maga de mis ilusiones la instigadora azul de mis anhelos
You are the magician of my illusions, the blue instigator of my longings

[la‿a.ni.ma.ˈsjon de ˈto.ðas mis kan.ˈsjo.nes i la βi.ˈsjon as.ˈtral de mis ðes.ˈβe.los]
La‿animación de todas mis canciones Y la visión astral de mis desvelos.
The animation of all my songs and the astral vision of my sleepless nights.

[la ˈða ˈða ˈða ˈða ˈði ˈða]
(la da da da da di da)
(la da da da da di da)

[kon tu ˈɣɾa.sil pu.ˈɾe.sa ðe‿o.ɾa.ˈsjo.nes i tu ði.βi.ni.ˈðað ðe‿iɣ.ˈno.tos ˈsje.los]
Con tu grácil pureza de‿oraciones Y tu divinidad de‿ignotos cielos
With your graceful purity of prayers And your divinity of unknown heavens

[de mi ðo.ˈlor ˈβa.xo los ˈβroŋ.kos ˈso.nes]
De mi dolor bajo los broncos sones
Out of my pain under the broncos sounds

[eks.ˈtjen.des un eŋ.ˈxam.bɾe ðe kon.ˈswe.los la la la]
Extiendes un enjambre de consuelos (la la la)
You spread out a swarm of consolations (la la la)

[ˈno te soɾ.ˈpɾen.da ˈpwes ˈkwan.to te‿a.ˈpɾen.das ˈkwan.to te‿a.ˈðo.ɾo]
No te sorprenda pues cuanto te‿aprendas cuanto te‿adoro
Don't be surprised, then, how much you learn how much I adore you

[i se ˈke pu.ˈsis.te tu pol.ˈβi.jo ðe ˈo.ɾo ˈso.βɾe mj‿en.ˈswe.ɲo al en.tɾe.a.ˈβɾiɾ su ˈβɾo.tʃe]
Y se que pusiste tu polvillo de oro sobre mi‿ensueño al entreabrir su broche
And I know you put your golden dust on my reverie by half-opening her brooch

['ke al ɣol.pe.'aɾ em mi 'sen.da ðe.so.'la.ða kon tu β̞a.'ɾi.ta 'ma.xi.ka]
Que al golpear en mi senda desolada Con tu varita mágica,
That when you strike on my desolate path With your magic wand,

['o 'a.ða ɟe.'nas.te ðe kɾe.'pus.ku.los mis 'no.tʃes la 'a 'a 'a]
¡OH hada! Llenaste de crepúsculos mis noches. (la ah ah ah.)
OH fairy! You filled my nights with twilight.(la ah ah ah.)

22

VOCALIZACIÓN | [bo.ka.li.sa.'sjon] | *Vocalization*

Music by **Pedro Biava Ramponi** (1902 -1972) *Colombia*
Poetry by **Meira Delmar** (1922-2009) *Colombia*

['a | 'aɾ.β̞o.les ɛm 'floɾ 'sje.lo ðe sa.'fiɾ]
Ah, Árboles en flor. cielo de zafir,
Ah, Trees in bloom. Sapphire sky,

['ri.o ðe kɾis.'tal 'ri.sa 'β̞laŋ.ka 'ri.sa ðel 'maɾ]
río de cristal risa blanca risa del mar
crystal river, white laughter, sea laughter

['don.d‿es.'ta el a.'moɾ el a.'moɾ 'ke me 'β̞jo so.'ɲaɾ]
dónde‿está el amor el amor que me vio soñar.
Where's love, the love that saw me dream.

['a | ɟa le peɾ.'ði su 'ðul.se 'β̞os 'no β̞ol.β̞e.'ɾa xa.'mas]
Ah, ya le perdí su dulce voz no volverá jamás
Ah, I've already lost her sweet voice, it will not come back to me,

[ɟa la‿i.lu.'sjon le.'xa.na 'β̞a lo 'sa.β̞‿el ko.ɾa.'son]
ya la‿ilusión lejana va lo sabe‿el corazón
Already the distant illusion departs, the heart knows it

['a 'ðon.d‿es.'ta‿el a.'moɾ 'ke me 'β̞jo so.'ɲaɾ]
ah dónde‿está‿el amor que me vio soñar?
Ah where is the love that saw me dream?

['o | 'don.d̬‿es.'ta‿el a.'moɾ 'ke me 'βjo so.'ɲaɾ]
oh! dónde‿está‿el amor que me vio soñar?
oh! Where's the love that saw me dream?

[ʝa le peɾ.'ði su 'ðul.se 'βos 'no βol.βe.'ɾa ‿'a.sja 'mi]
ya le perdí su dulce voz no volverá‿hacia mí,
I've already lost her sweet voice, it will not come back to me,

['no βol.βe.'ɾa 'nuŋ.ka 'mas | 'a]
no volverá nunca más, Ah.
it will never come back, Ah.

23

ROMANZA DE DOLOROSA | [ro.'man.sa ðe ðo.lo.'ɾo.sa]

Music by **Eduardo Sánchez de Fuentes** (1874-1944) *Cuba*
Poetry by **Federico Uhrbach** (1873-1932) *Cuba*

[los 'ra.jos ðe la aːu.'ɾo.ɾa ʝe.'ɣa.ɾon 'as.ta mi]
Los rayos de la aurora llegaron hasta mi,
The rays of the dawn came to me,

[j‿ˌal.'βeɾ.ɣo 'ʝo 'les 'ði em mj‿'al.ma so.ɲa.'ðo.ɾa]
y‿albergo yo les di en mi‿alma soñadora,
and I sheltered them, in my dreaming soul,

[sin.'tjen.do la‿em.brja.'ɣes ðe la ðo.'ɾa.ða 'lus]
sintiendo la‿embriaguez de la dorada luz
Feeling the intoxication of the golden light

[mis 'swe.ɲos al a.'sul ʝe.'βa.ɾom me‿'u.na 'βes]
mis sueños al azul llevaron me‿una vez…
My dreams to the heaven took me once…

[so.'ɲaɾ so.'ɲaɾ | del ko.ɾa.'soɲ 'foɾ.man los 'swe.ɲos la flo.ɾa.'sjon la flo.ɾa.'sjon]
¡Soñar! ¡Soñar! del corazón   forman los sueños la floración, la floración
Dream! Dream! From the heart form dreams blooming, blooming

[so.'ɲaɾ so.'ɲaɾ so.'ɲaɾ so.'ɲaɾ so.'ɲaɾ]
soñar soñar soñar soñar! soñar!
Dream, dream, dream, dream! dream!

[a.'moɾ mi 'lo.ko‿a.'moɾ 'swe.ɲo fe.'lis 'βɾe.βeː‿i 'ri.en.te]
Amor mi loco‿amor sueño feliz breve‿y riente
Love, my crazy love, happy dream, short and laughing

['ko.mo 'es a.'βɾil a.'moɾ mi 'tɾis.te‿a.'moɾ 'kwan.to ðo.'loɾ 'tɾa.es 'pa.ɾa mi]
como es abril,   Amor mi triste‿amor cuanto   dolor   traes para mi,
As it is April, Love, my sad love, how much pain do you bring to me,

['kwan.to ðo.'loɾ 'tɾa.es 'pa.ɾa mi kon tu re.'kweɾ.ðo ja 'to.ðo mu.'ɾjen.do 'βa]
cuanto   dolor   traes para mi con tu recuerdo, ya todo   muriendo va.
How much pain you bring to me with your memory, yes Everything dying, it goes.

24

DE MI AMOR...¡AY! MÍSERA... | [de mj‿a.'moɾ 'aːi 'mi.se.ɾa]
From my love... Alas! miserable

Music by **Felipe Villanueva (1862-1893)** *Mexico*
Libretto by **Gonzalo Larrañaga**

[de mj‿a.'moɾ el 'sol eɾ.'mo.so]
De mi‿amor el sol hermoso
From my love, the beautiful sun

[la ðes.'ði.tʃa ja nu.'βlo]
La desdicha ya nubló
Misery has already clouded

[j‿el ˈβlaŋ.ko ˈli.ɾjo a.mo.ˈɾo.so]
Y‿el blanco lirio amoroso
And the white love lily

[de mj‿es.pe.ˈɾan.sa mu.ˈɾjo]
De mi‿esperanza murió.
Of my hope has died.

[ˈaːi ˈmi.se.ɾa ˈtɾis.te sin ˈel ˈsu.fɾo i ˈʝo.ɾo]
¡Ay! mísera triste, sin él sufro y lloro,
Alas! miserable sadness, without him I suffer and weep,

[ˈke ˈʝo ˈsje.ɣa le‿a.ˈðo.ɾo iŋ.ˈgɾa.to ke.o.ˈfaɾ]
Que yo ciega le‿adoro, ingrato Keofar.
That I blind adore you, Ungrateful Keofar.

[el ˈsje.lo‿a.su.ˈla.ðo som.ˈbɾi.o pa.ˈɾe.se]
El cielo‿azulado sombrío parece
The blue sky looks gloomy

[i ˈto.ðo‿en.tɾis.ˈte.se mj‿an.ˈsjo.so‿a.ne.ˈlaɾ]
Y todo‿entristece Mi‿ansioso‿anhelar.
And everything saddens My anxious longing.

[ˈkwal ˈflo.ɾes maɾ.ˈtʃi.tas ˈk‿el ˈβjen.to a.re.ˈβa.ta mi ˈpe.tʃo ˈmal ˈtɾa.ta]
Cual flores marchitas que‿el viento‿arrebata, mi pecho mal trata.
Like withered flowers that the wind sweeps away, my breast is ill-treated.

[su‿aːu.ˈsen.sja ˈkɾuːel ˈa poɾ ˈel ˈʝo ˈsu.fɾo ˈtan.to]
Su‿ausencia cruel, ¡Ah! Por él yo sufro tanto,
His cruel absence, Ah! For him I suffer so much,

[poɾ el ˈʝo me a.ˈxi.to i ˈko.re‿i ˈko.re mi ˈʝan.to]
Por él yo me agito Y corre,‿y corre mi llanto:
Because of him, I tremble, and shed tears.

[kon.ˈswe.lo ˈno‿a.ˈβɾa]
Consuelo no habrá.
There will be no consolation.

[ˈa | ˈbeŋ ke.o.ˈfaɾ | a.ˈmoɾ ˈmi.o ˈa ˈes ˈtu.ja mi ˈal.ma]
¡Ah! Ven Keofar, Amor mío, ¡Ah! Es tuya mi alma
Ah! Come, Keofar, my love, Ah! My soul is yours

[j‿a.ˈje.mos la ˈkal.ma ˈtɾas la tem.pes.ˈtað tu i ˈjo mi a.ˈmoɾ]
Y hallemos la calma tras la tempestad, tu y yo mi amor.
And let's find calm after the storm, you and I my love.

All IPA transcriptions and idiomatic translations by Pablo Willey-Bustos
© 2024

PARTITURAS
SHEET MUSIC

SPAIN

MÁS VALE TROCAR

Música y poesía
Juan del Encina
(1468 - 1529)

Moderato

Más va-le tro-car pla-cer por do-lo-res
Me-jor es su-frir pa-sión y do-lo-res
Más va-le pe-nar su-frien-do do-lo-res
Me-jor es per-der pla-cer por do-lo-res

que es-tar sin a-mo - - - res.
que es-tar sin a-mo - - - res.
que es-tar sin a-mo - - - res.
que es-tar sin a-mo - - - res.

Fine

Don-de_es gra-de-ci-do es dul-ce_el mo-rir, vi-
Es vi-da per-di-da vi-vir sin a-mar, y
A-mor que no pe-na no pi-da pla-cer, pues

© Copyright Mundoarts 2024 © Patricia Caicedo 2024
All rights reserved wordwide - Forbidden photocopying

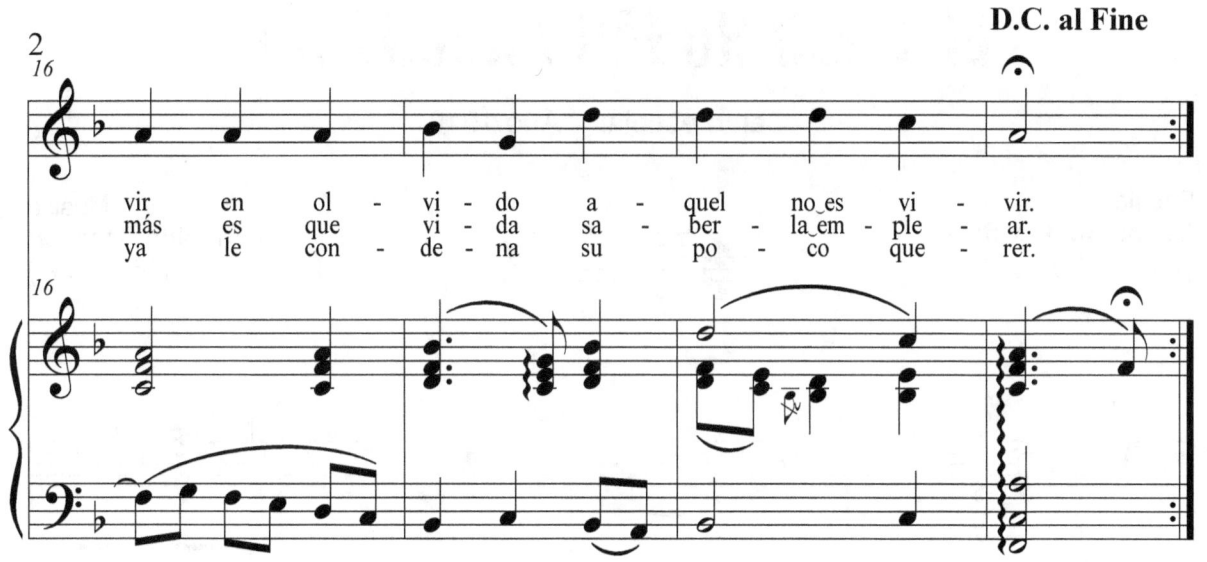

ARGENTINA

EL VIEJO HOGAR ARGENTINO

Canto escolar - Año 1910

Poesía
Carlos Guido y Spano
(1827-1918)

Música
Leopoldo Corretjer
(1862-1941)

VIRGENCITA DEL ALMA
Canción mexicana

MEXICO

Tradicional

Vir-gen-ci-ta del al - ma dul-ce a-mor mí - o de-ja que de-po-

si - te un be-so mí - o en tu di-vi-na bo - ca

ALDITA
Canción de cuna

ECUADOR

Música y Poesía
Luis Humberto Salgado
(1903 - 1977)

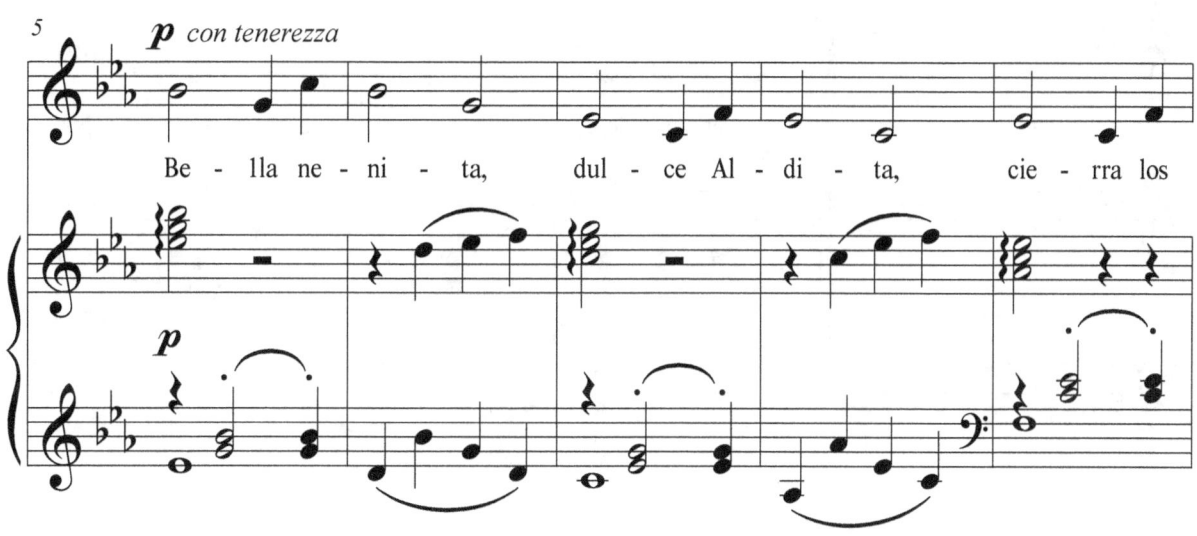

BOLIVIA

A María Eugenia Muñoz de Soux

LA NIÑA Y EL ARPA

Poesía
Antonio Ávila Jiménez
(1898-1965)

Música
Jaime Mendoza-Nava
(1925-2005)

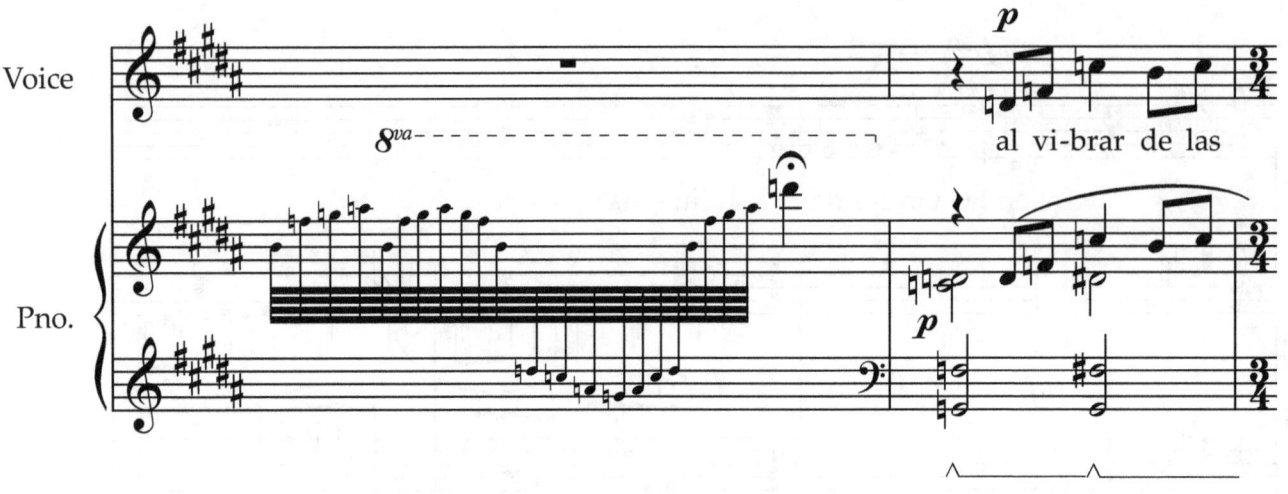

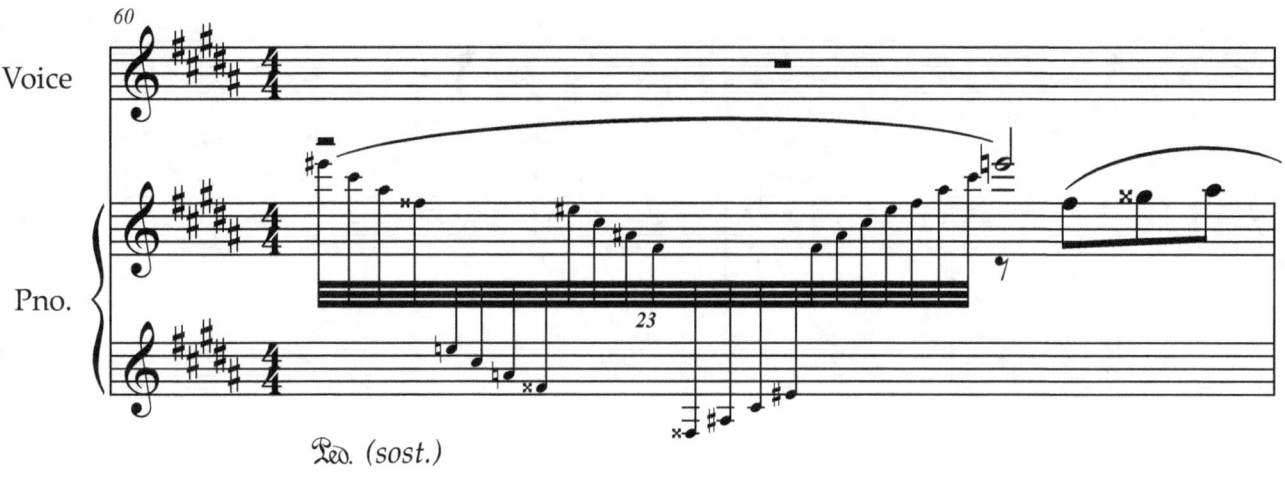
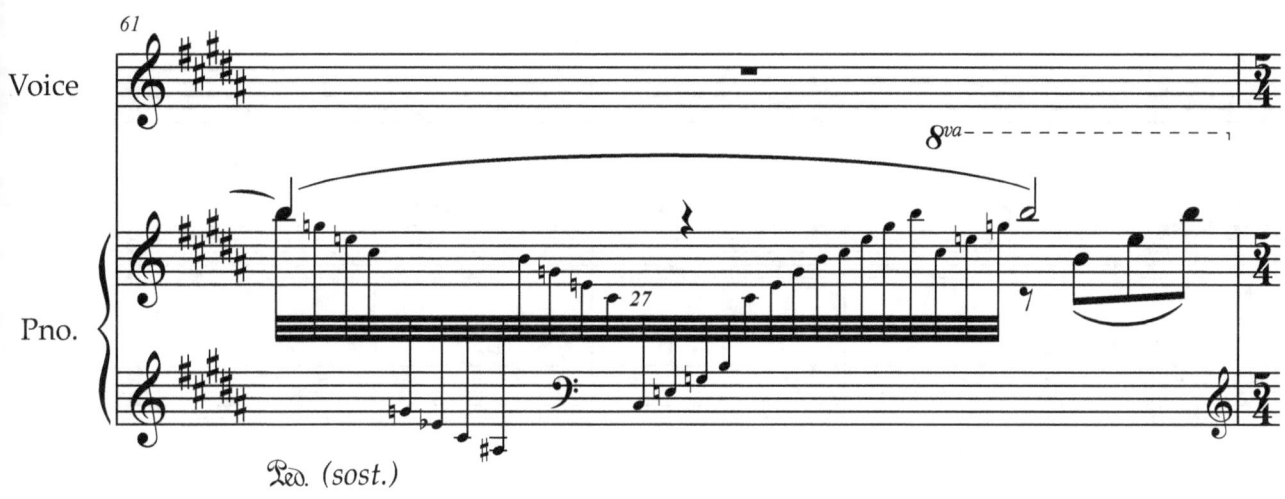
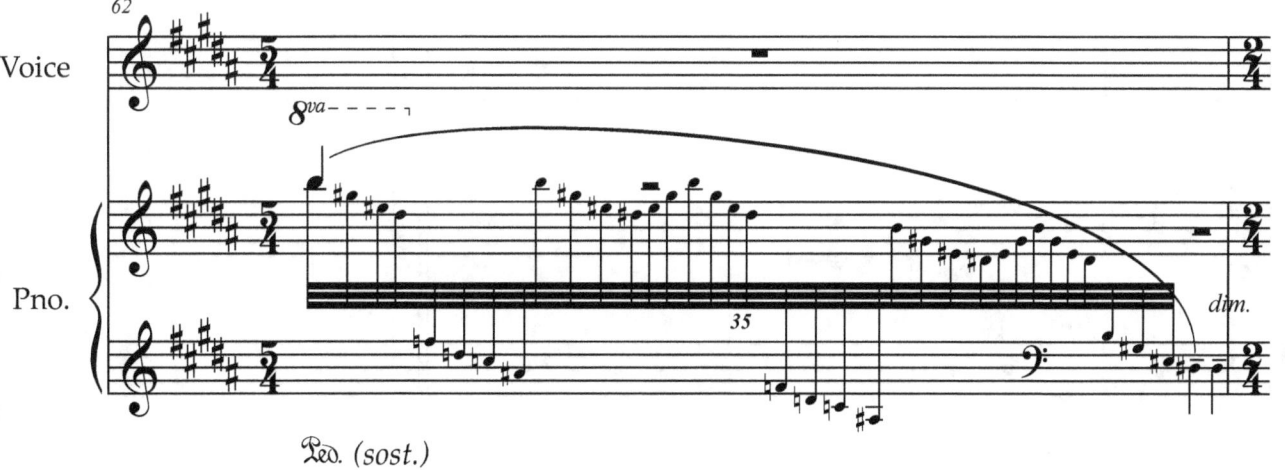

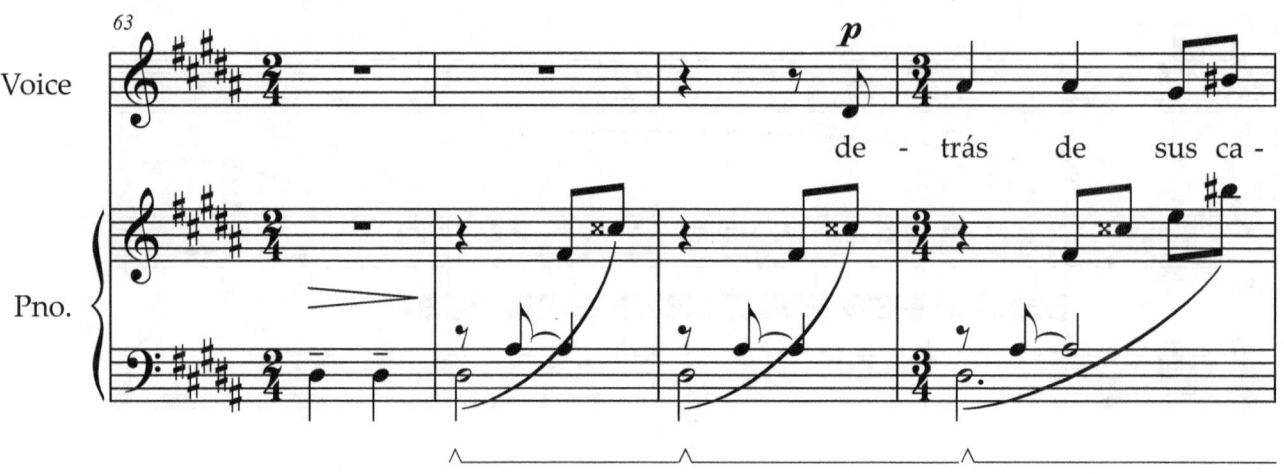

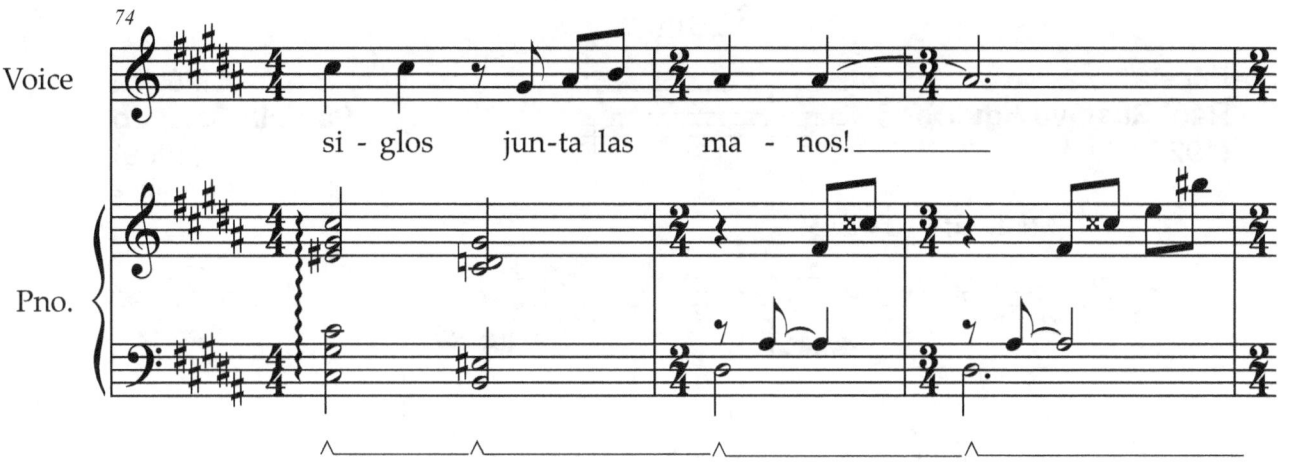

PARA VIVIR

Pasillo

COLOMBIA

Poesía
Raúl Gustavo Aguirre
(1927-1983)

Música
Patricia Caicedo
(1969)
Arreglo: **Javier Martínez**

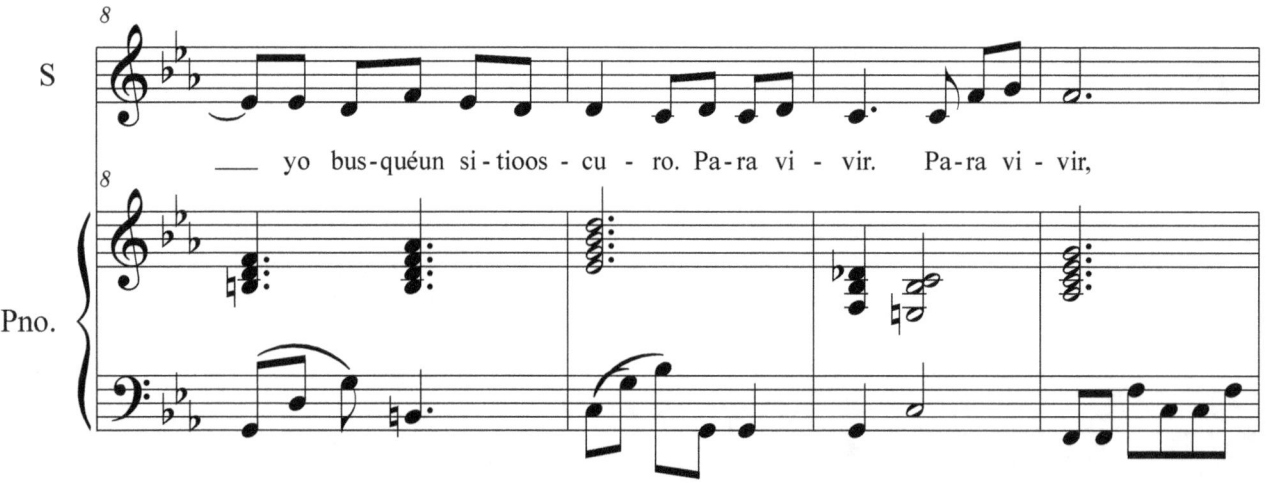

LA MALA SUERTE

COLOMBIA

Poema
Hebe Monges
(1928-2014)

Música
Patricia Caicedo
(1969)

La lu-na___ e-se cie-lo_am-bi-guo___

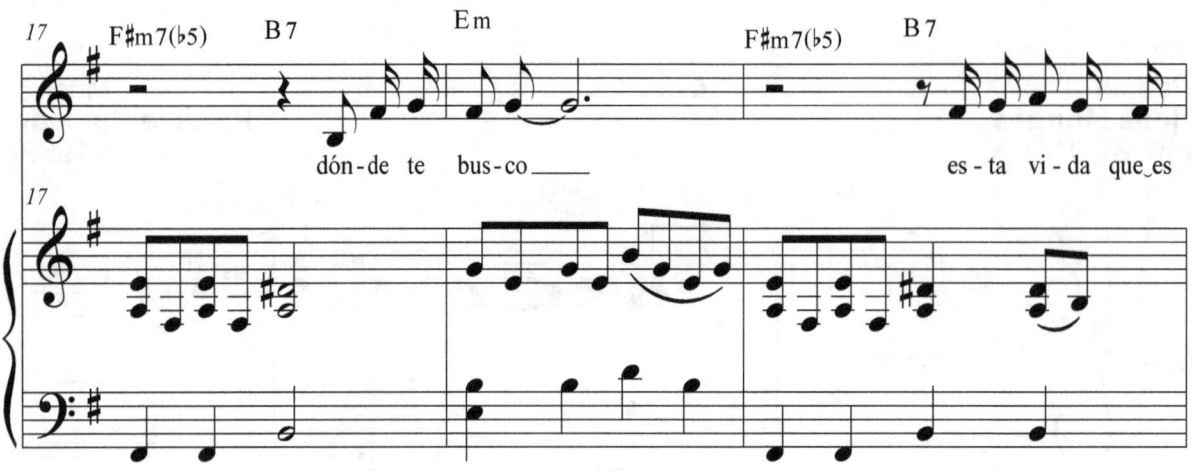
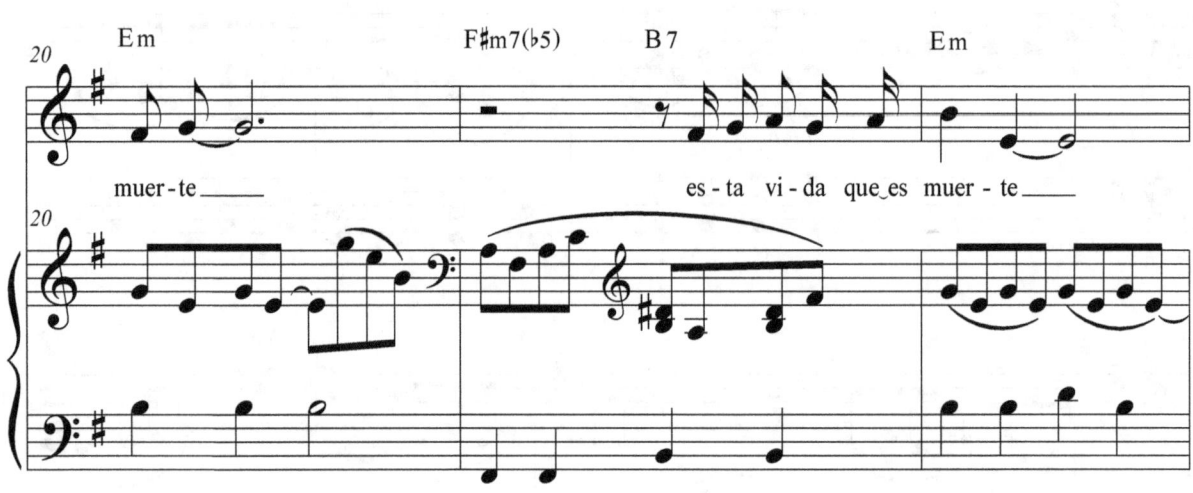

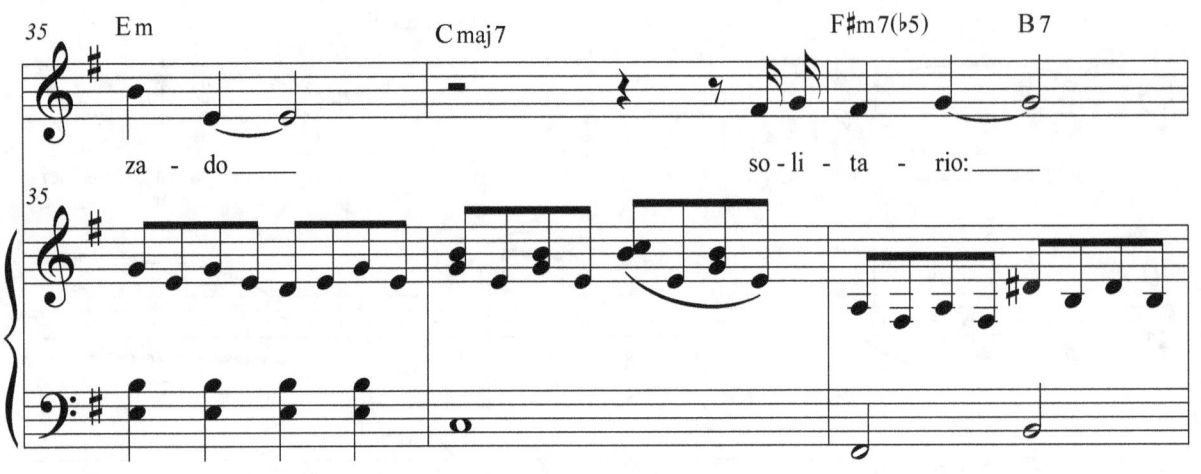

COLOMBIA

MÁS QUE NUNCA

Poesía de
Maruja Vieira
(1922 - 2023)

Música de
Jaime León Ferro
(1921-2015)

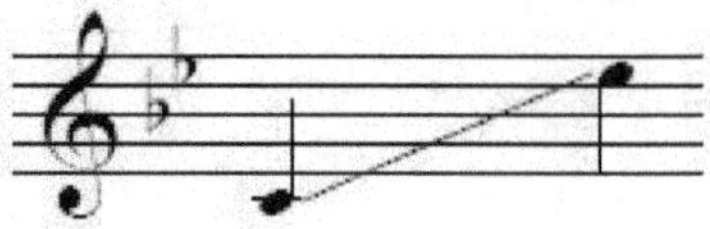

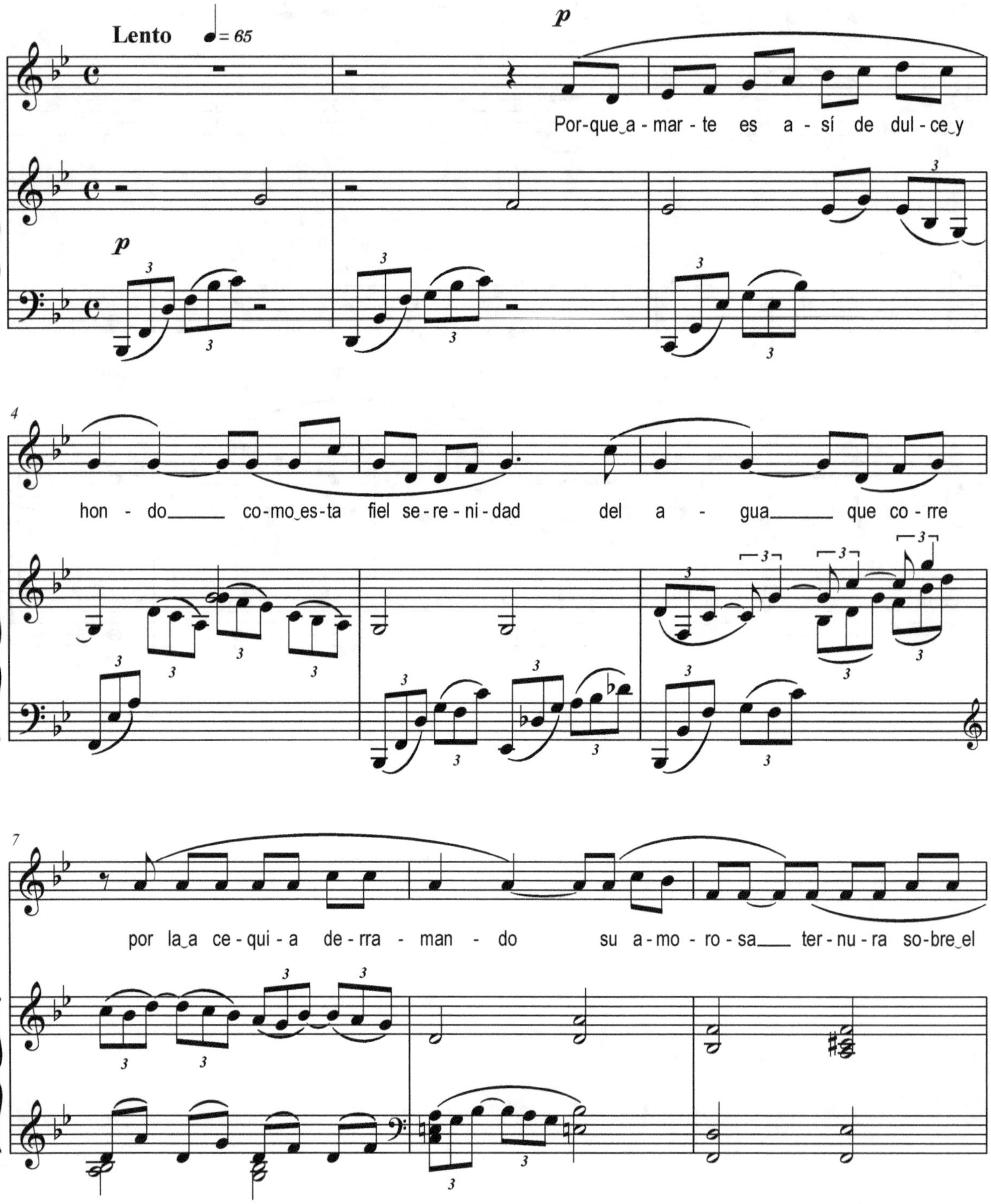

Lento ♩= 65
p
Por-que‿a - mar - te es a - sí de dul - ce‿y
p
4
hon - do co-mo‿es-ta fiel se - re - ni - dad del a - gua que co - rre
7
por la‿a ce - qui - a de - rra - man - do su a - mo - ro - sa ter - nu - ra so - bre‿el

LA VIEJA MESA

COLOMBIA

Poesía
Efraín Pérez Castro
(1912-2001)

Música
Jaime León
(1921-2015)

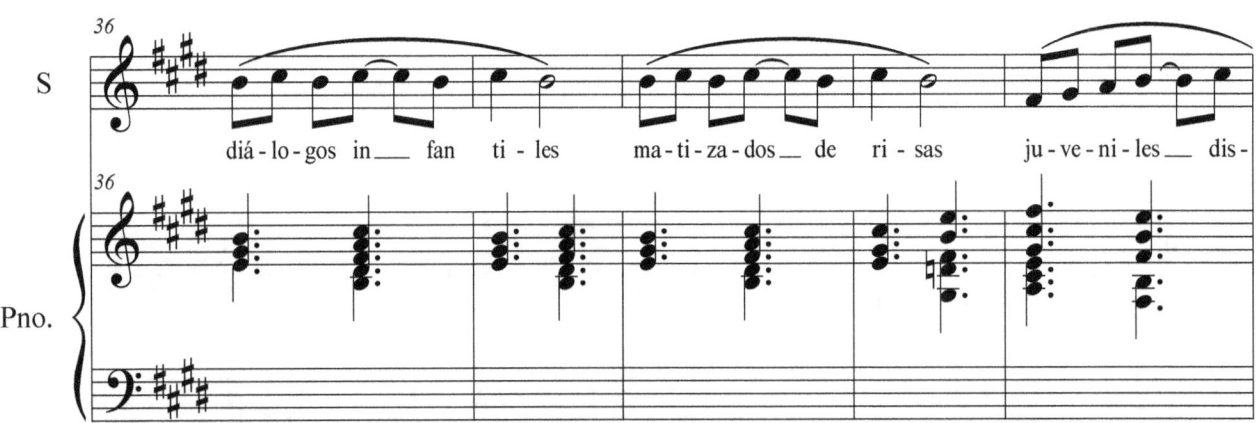

A Monsieur Pablo Mañé

EL NIDO

URUGUAY

Poesía
Fernán Silva Valdés
(1887-1975)

Música
Alfonso Broqua
(1876 - 1946)

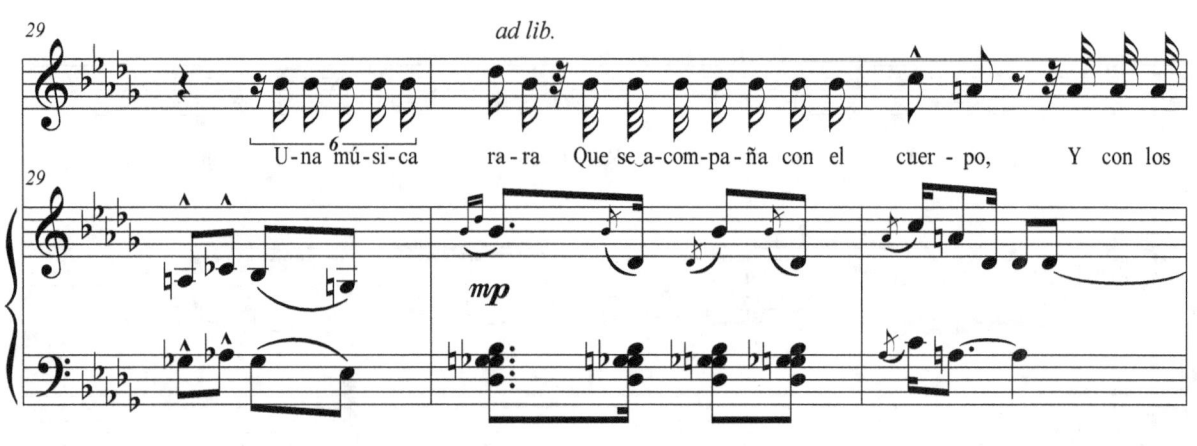
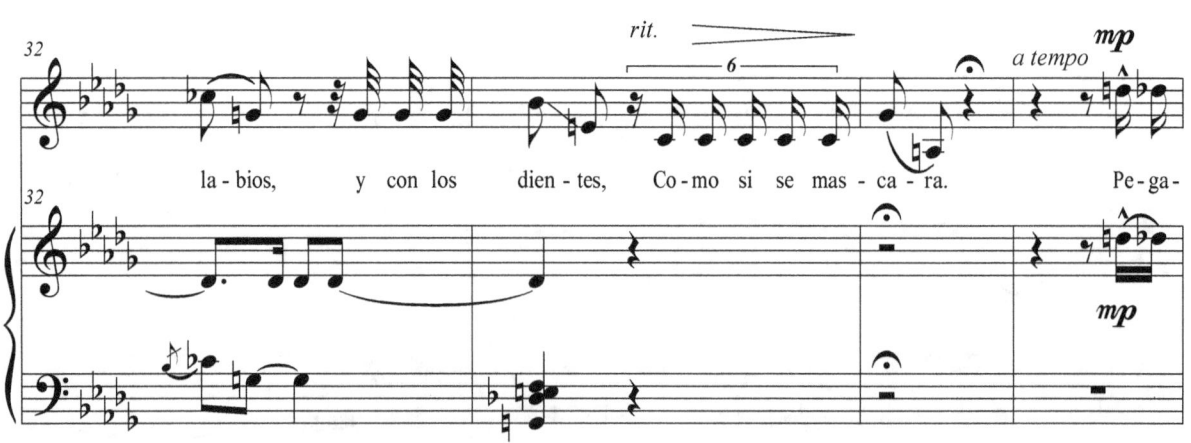

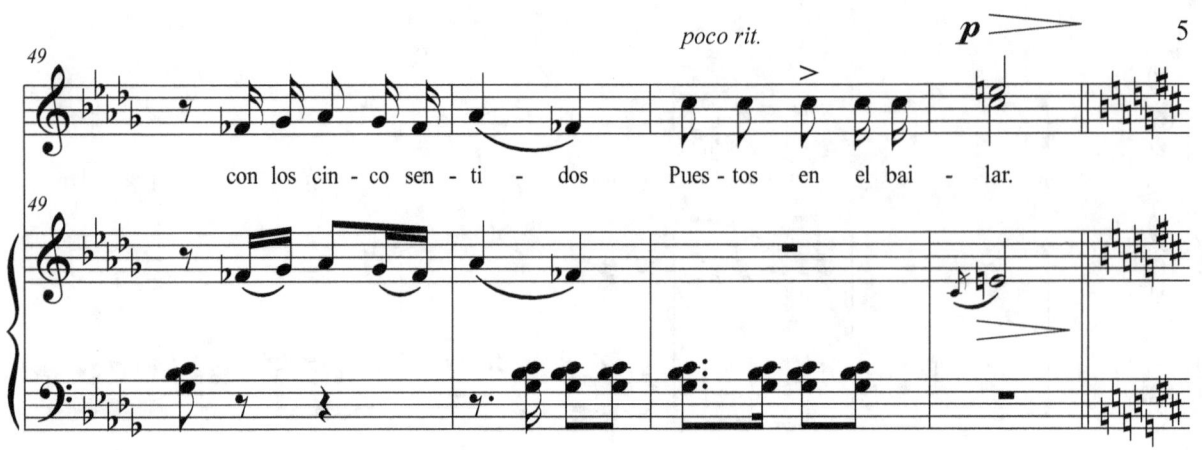

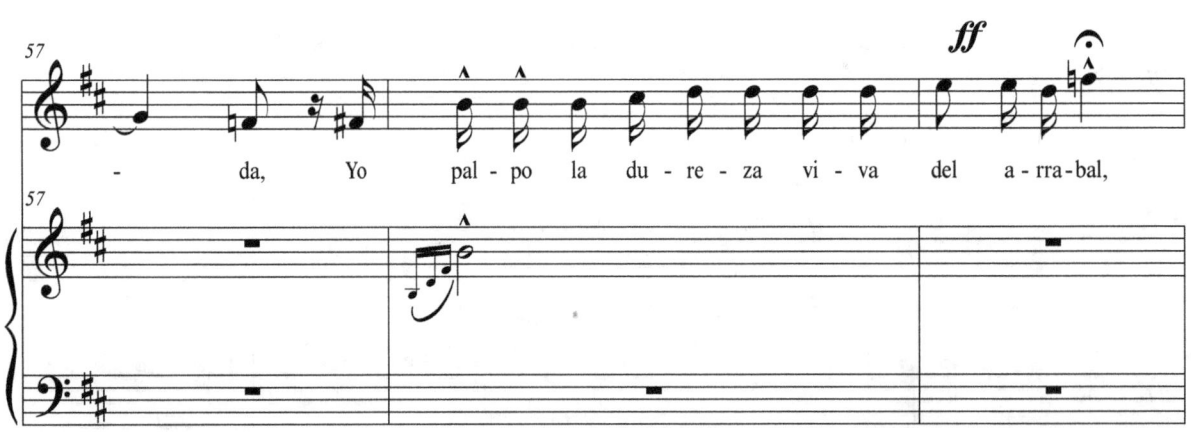

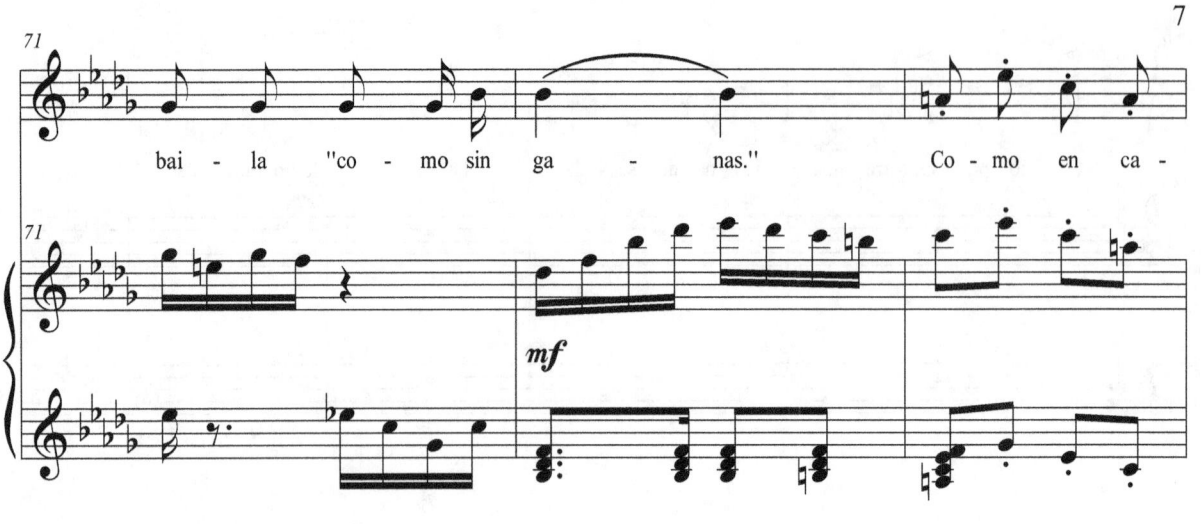

KORI KILLA
(Luna de oro)

BOLIVIA

Poesía y música
Eduardo Caba
(1890 -1953)

Chun-qui-tuy... Ko-li-lay... es la no-via de mi co-ra-zón.

Co-mo el sol bien-he-chor em-bal-sa-ma to-do mi do-

PERU

LA VICUÑITA

Música de
Theodoro Valcárcel
(Puno, 1898. - Lima, 1942)

E - ra la más be-lla flor que vio___ la luz de la cor-di-lle-

TRISTES ECOS
YARAVI

Música
Theodoro Valcarcel
(Puno,1898.- Lima,1942)

PERU

ECLIPSE DE BELLEZA
Valse

COLOMBIA

Música
Luis A. Calvo
(1882-1945)

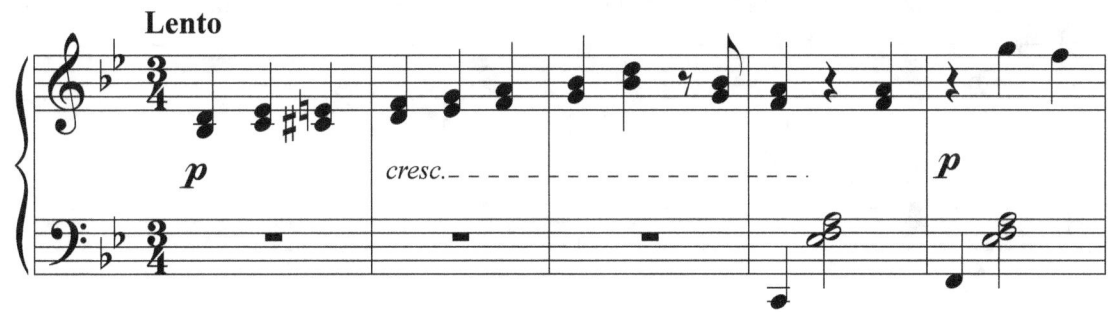

Sor- pren- dió- nos la tar- de en la ri- ve- ra
Los re- fle- jos del sol en el o- ca- so

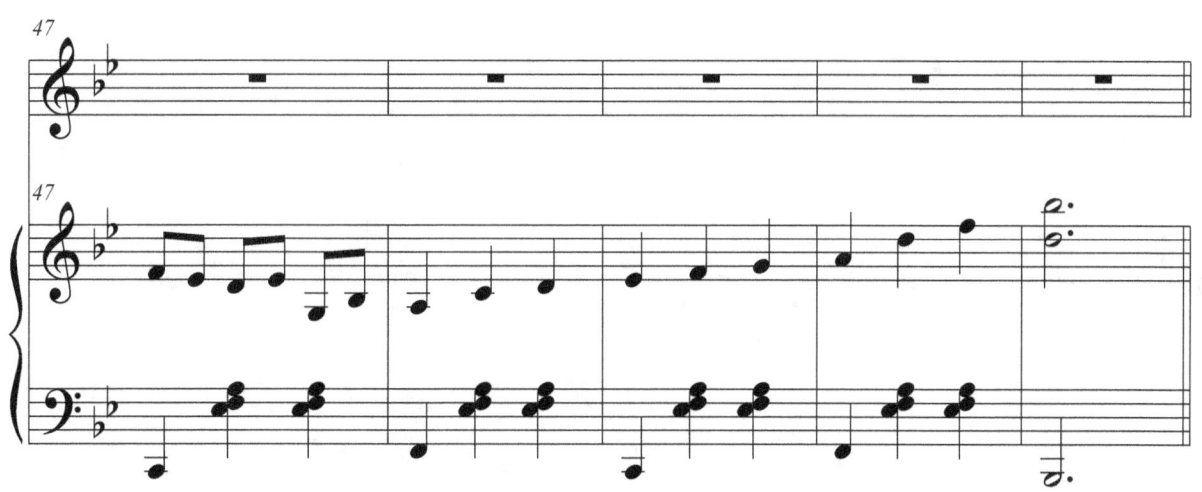

Y en las pu-pi-las hon-das de tus o - jos

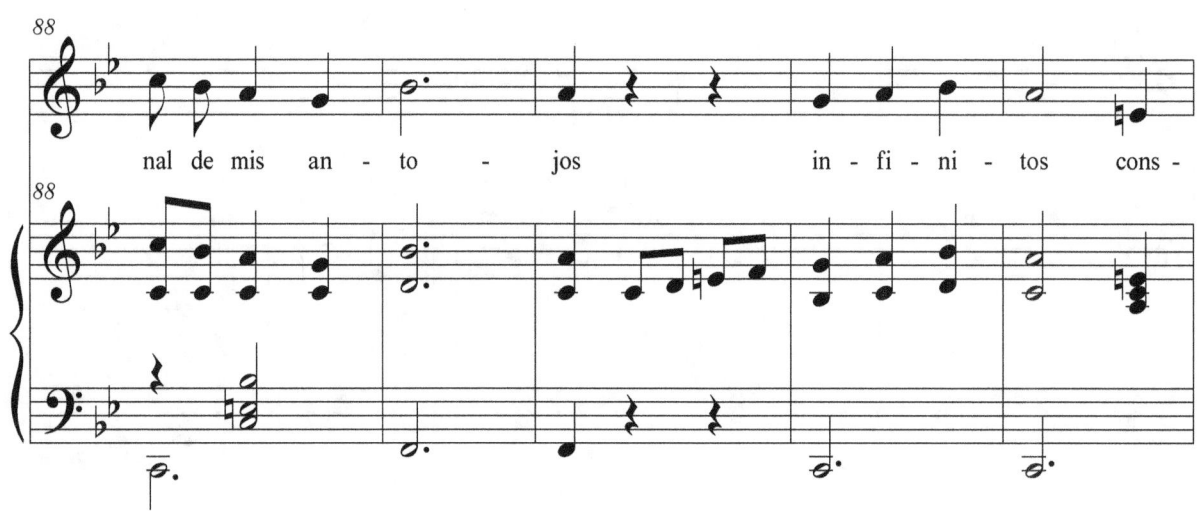

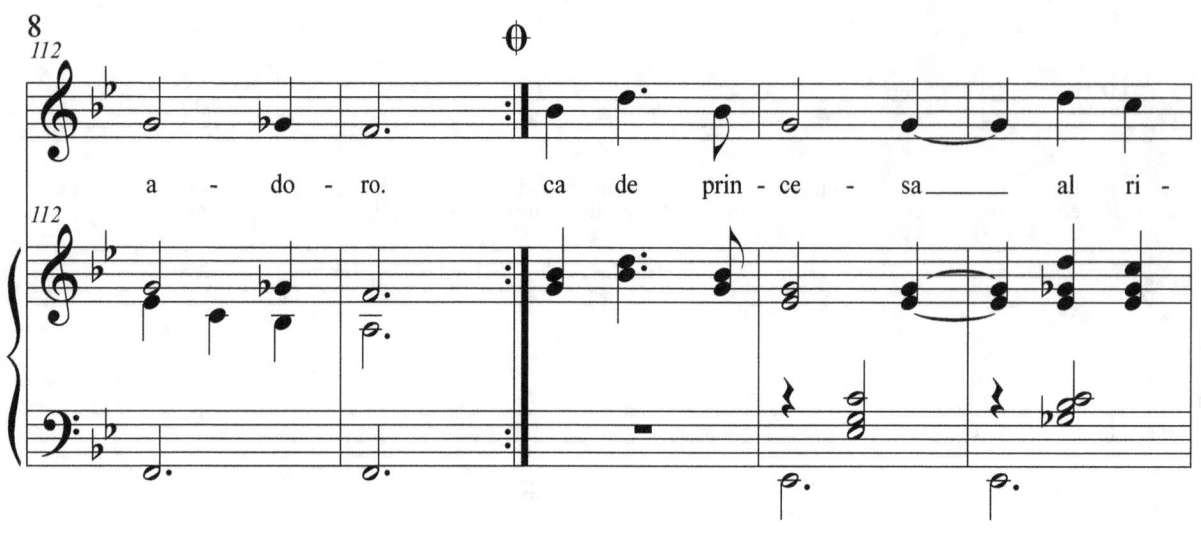

LA IMAGEN DE TU PERFIL

COLOMBIA

Poesía
José A. Calcaño
(1900-1978)

Música
Pedro Biava Ramponi
(1902 - 1972)

Miré flotar en la fuente la i-

magen de tu perfil. La grave-

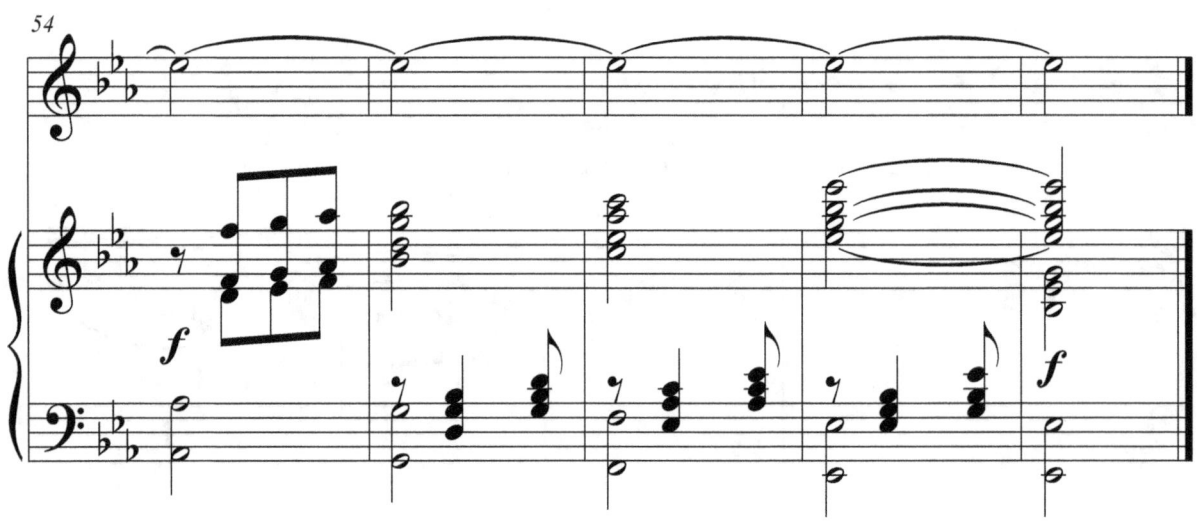

CORAZÓN
Canción

CUBA

Poesía y música
Eduardo Sánchez de Fuentes
(1874 - 1944)

Co - ra - zón que_ol - vi - das - te mi con - se - jo
zón vuel ve_a ser lo que tu fuis te

EL CANTO DEL CISNE

Danza

MEXICO

Música y poesía
Fernando Soria Cárpena
(1860 - 1937)

165

MÁS CERCA DE MI TE SIENTO

Poesía
Ramón de Campoamor
(1817-1901)

SPAIN

Música
Julio Osma
(1888-1938)

171

ESTER

USA

Poesía
Mariano Melendro Serna
(1894-1989)

Música
Nicolás Gutiérrez
(1993)

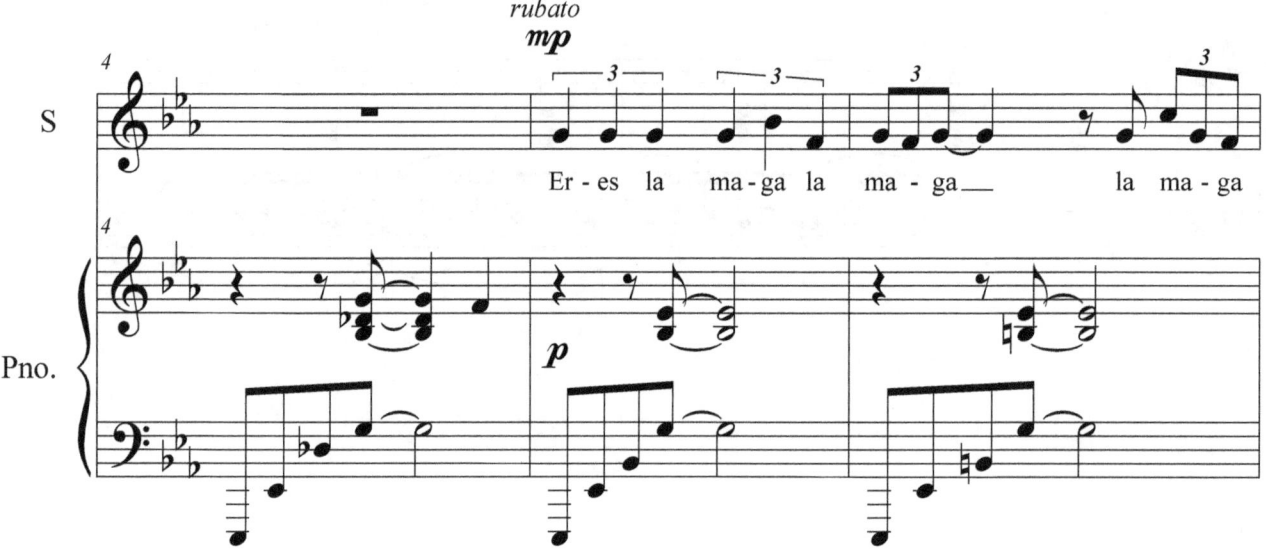

Er- es la ma-ga la ma-ga la ma-ga

de mis i- lu- sio- nes la in-sti-ga-do-ra a-

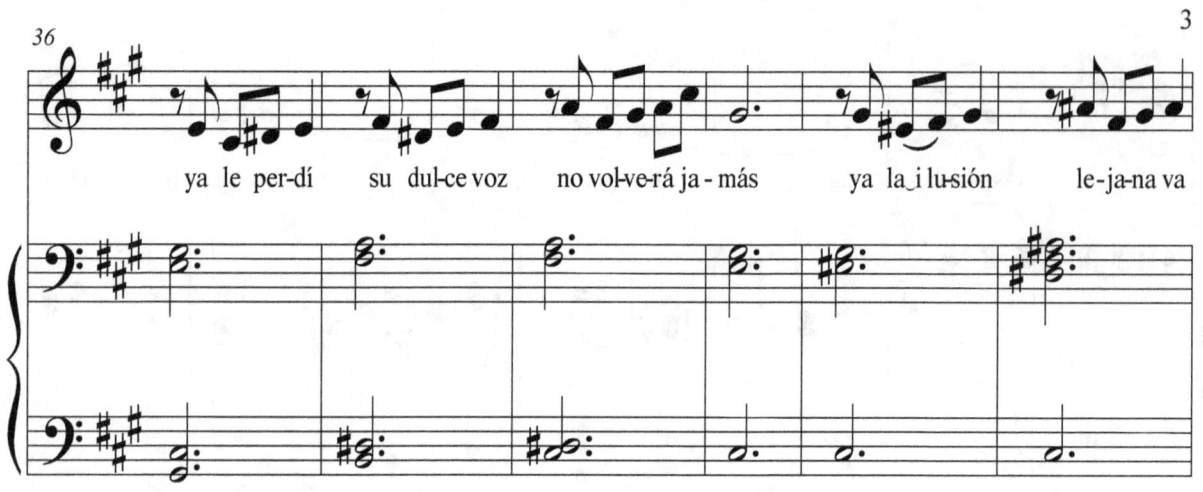

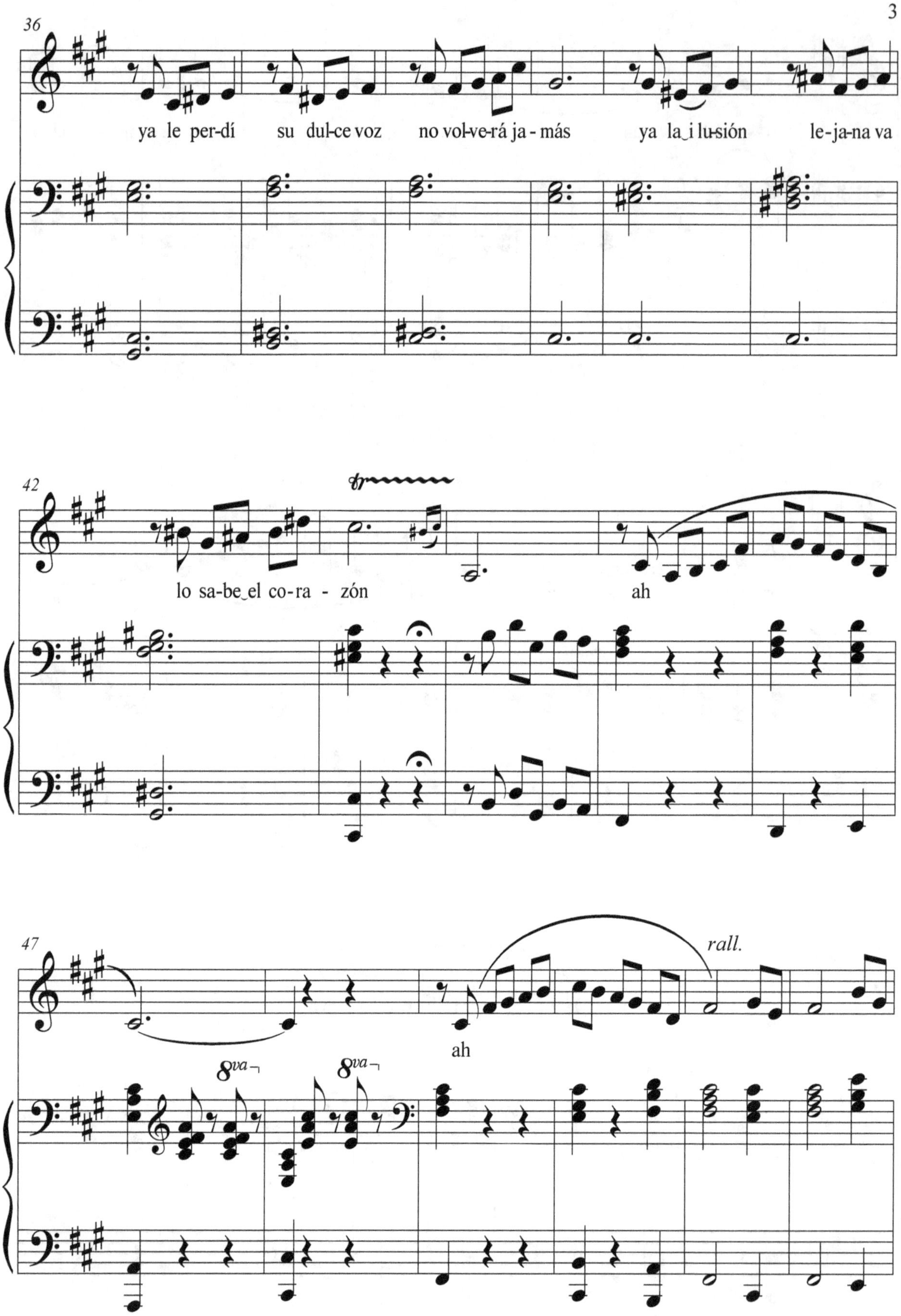
36
ya le per-dí su dul-ce voz no vol-ve-rá ja - más ya la i lu-sión le-ja-na va
42
tr
lo sa-be el co-ra - zón ah
47
8va
8va
rall.
ah

ROMANZA DE DOLOROSA

CUBA

Poesía
Federico Uhrbach
(1873 - 1932)

Música
Eduardo Sánchez de Fuentes
(1874 - 1944)

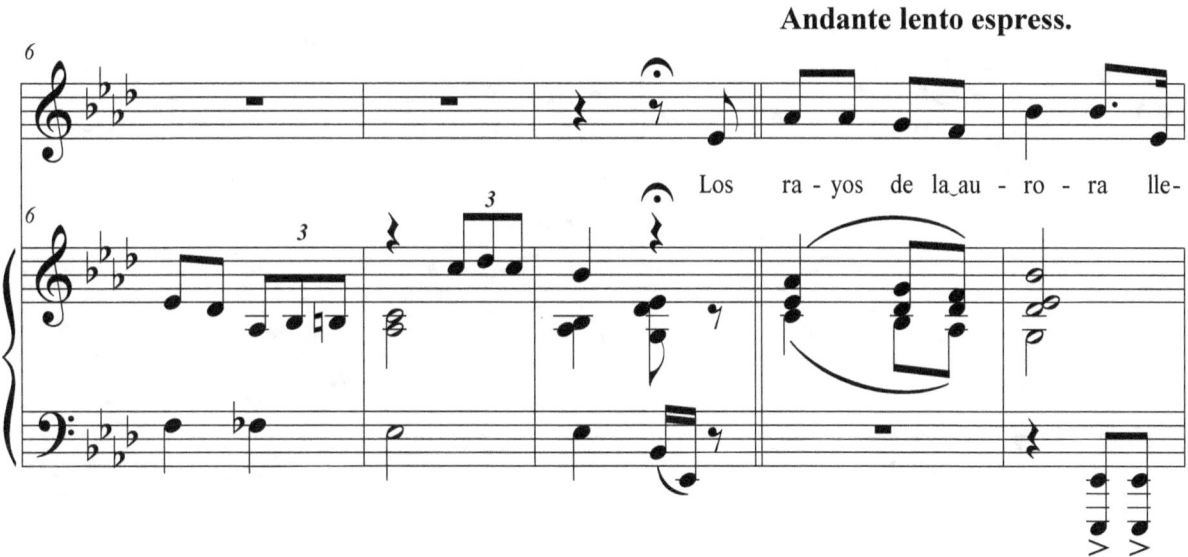

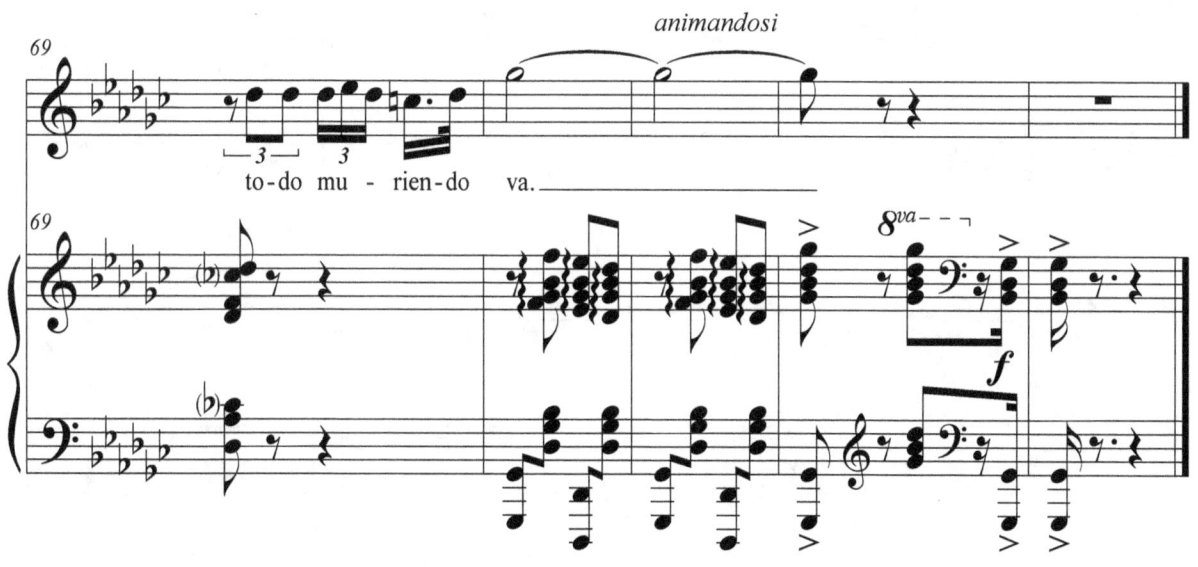

DE MI AMOR... AY! MÍSERA...

MEXICO

Romanza de *Keofar*

Libreto
Gonzalo Larrañaga

Música
Felipe Villanueva
(1862-1893)

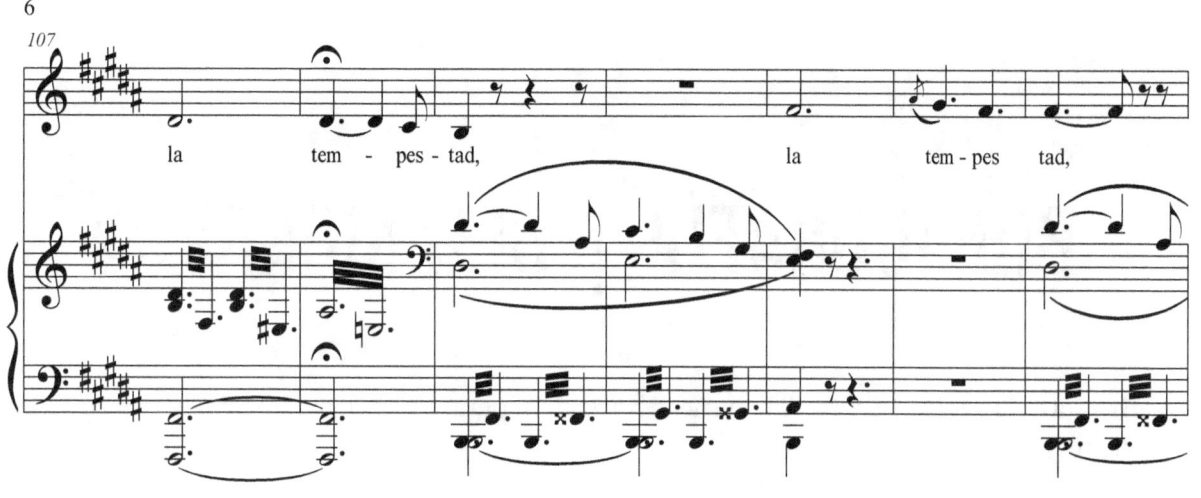

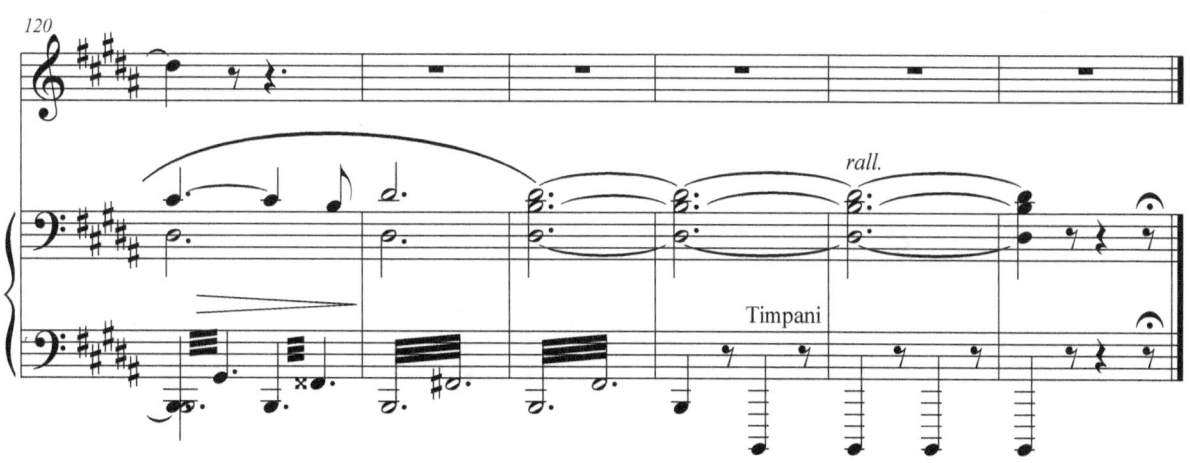

BIBLIOGRAFÍA | BIBLIOGRAPHY

Bringas, Douglas (2020) "Fernando Soria Cárpena su vida y obra". Mexico, Ed. Proturco.

Caicedo, Patricia. *The Latin American Art Song, Sounds of the Imagined Nations*. Maryland: Lexington Press. 2019.

Caicedo, Patricia. *Latin American and Iberian Art Songs by Women Composers*. Barcelona: Mundoarts Publications. 2020.

Chase, Gilbert. (1939) "Juan Del Encina: Poet and Musician." Music & Letters 20, no. 4: 420–30. http://www.jstor.org/stable/728461.

Mercado, José Noé (2016) 'La identidad desconocida de la ópera mexicana." Pro Ópera. Año XXIV número 1, enero-febrero 2016. 27

Rodríguez, Yamira. (2014) *Hans Federico Neuman Del Castillo. Vida y recopilación transcrita de su obra (1917-1992)*. – 1a ed. – Barranquilla: Universidad del Atlántico.

Felipe Villanueva, un poeta del piano. Charla del ciclo "Sabores musicales con café". Museo Nacional de Historia, Castillo de Chapultepec. Online: https://www.facebook.com/museodehistoria/videos/481662173106700/

ÍNDICE DE CANCIONES
SONG INDEX

1. **Más vale trocar** - Juan del Encina (1469-1529), Spain 72

2. **El viejo hogar argentino** - Leopoldo Corretjer (1862-1941), Argentina 74

3. **Virgencita del alma** - Anómimo, México 80

4. **Madrigal** - Hans Federico Neumann (1917-1992), Colombia 83

5. **Aldita** - Luis Humberto Salgado (1903 - 1977), Ecuador 87

6. **La niña y el arpa** - Jaime Mendoza Nava (1925-2005), Bolivia 91

7. **Para vivir** - Patricia Caicedo (1969), Colombia 100

8. **La mala suerte** - Patricia Caicedo (1969), Colombia 107

9. **Más que nunca** - Jaime León Ferro (1921-2015), Colombia 112

10. **La vieja Mesa** - Jaime León Ferro (1921-2015), Colombia 116

11. **El nido** - Alfonso Broqua (1876 - 1946), Uruguay 125

12. **El tango** - Alfonso Broqua (1876 - 1946), Uruguay 128

13. **Kori Killa** - Eduardo Caba Balsalia (1890 - 1953), Bolivia 135

14. **La vicuñita** - Theodoro Valcárcel (1898-1942), Perú 138

15. **Tristes ecos** - - Theodoro Valcárcel (1898-1942), Perú 145

16. **Eclipse de Belleza** - Luis Antonio Calvo (1884-1945), Colombia 149

17. **La imagen de tu perfil** - Pedro Biava (1902 - 1972), Colombia 157

18. **Corazón** - Eduardo Sánchez de Fuentes (1874 - 1944), Cuba 161

19. **El canto del cisne** - Fernando Soria (1860-1937) , Mexico 165

20. **Más cerca de mi te siento** - Julio de Osma (1888-1938), Spain 168

21. **Ester** - Nicolás Gutierrez (1992), USA 172

22. **Vocalización** - Pedro Biava Ramponi (1902 - 1972), Colombia 182

23. **Romanza de Dolorosa** - E. Sánchez de Fuentes (1874-1944), Cuba 189

24. **De mi amor... Ay misera!** - Felipe Villanueva (1862-1893), Mexico 194

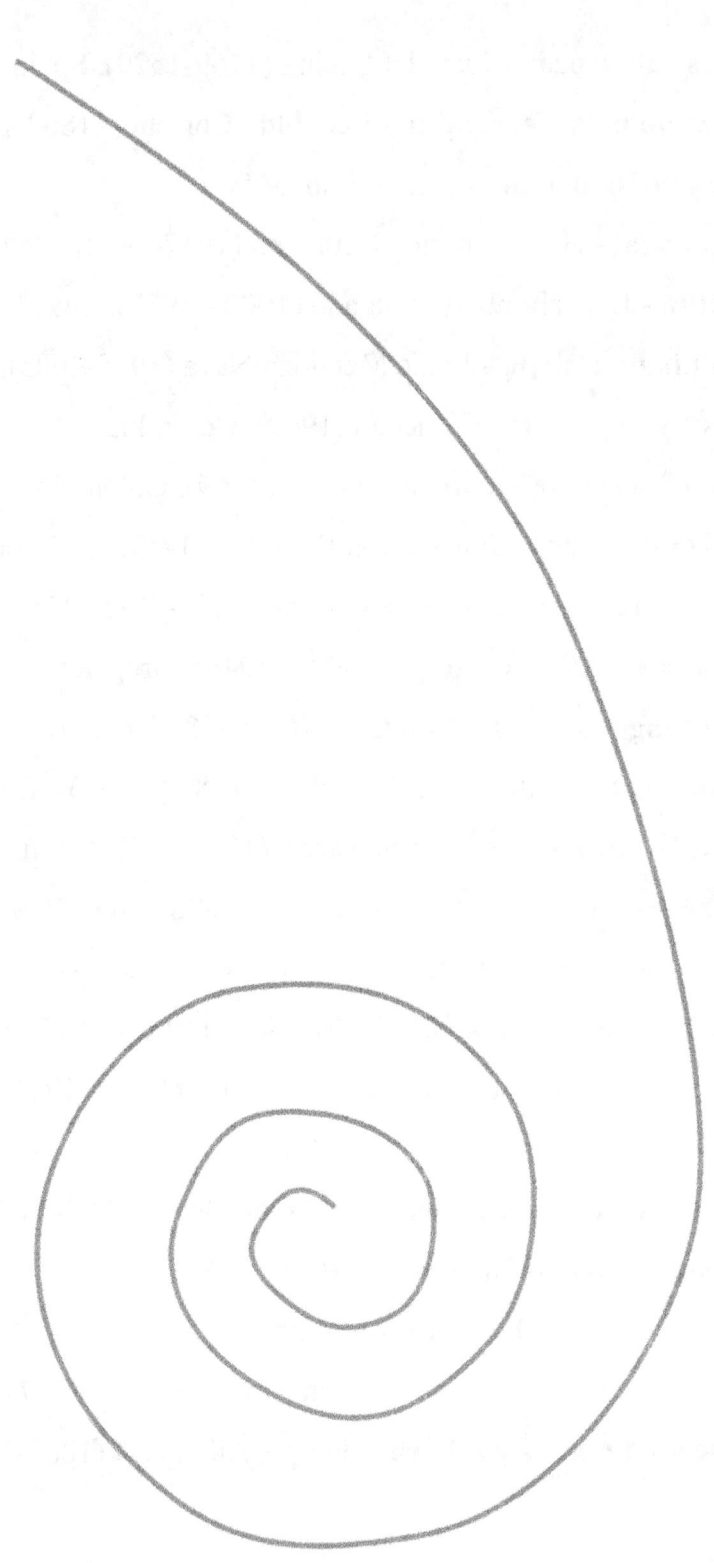

LATIN AMERICAN & SPANISH VOCAL MUSIC COLLECTION

SCORES

—*The Colombian Art Song*: Jaime Leon Songs for voice & piano. V.1
—*The Colombian Art Song*: Jaime Leon Songs for voice & piano. V.2
—*Brazilian Art Song Anthology*: 25 Songs for Voice and Piano.
—*The Catalan Art Song*: A song cycle by Nicolás Gutierrez
—*Canciones de Navidad*: Christmas song cycle by Jaime Leon
—*Canciones infantiles*: Children Song cycle by Jaime León
—*The Bolivian Art Song:* A song cycle by Agustin Fernández.
—*Sobre el océano* a Mexican Zarzuela by Antonio de María y Campos
— *Latin American Art Songs for Voice and Guitar*: the songs of José Lezcano
— *Twenty-Four Songs & Arias in Spanish,* from XV to XXI Centuries

WOMEN COMPOSERS

—*Anthology of Latin American & Iberian Art Songs by Women Composers* Vol. 1
—*Anthology of Latin American & Iberian Art Songs by Women Composers* Vol. 2
—*Argentinian Art Song*: Complete songs by Irma Urteaga.

BOOKS

— *Spanish Diction for Singers*: A Guide to the Pronunciation of the Peninsular and American Spanish.

—*La canción artística latinoamericana* en el contexto del nacionalismo musical.

MUSIC & HEALTH

We are what we listen to: The Impact of Music on Individual and Social Health

mundoarts.com

SUMMER PROGRAM FOR CLASSICAL SINGERS, COLLABORATIVE PIANISTS, AND MUSICOLOGISTS

Studying the History and Interpretation of Latin American and Iberian Art Songs in Spanish, Catalan, and Portuguese

Perform in stunning venues in one of Europe's most beautiful cities.

Expand your repertoire with music that resonates with today's audiences.

Receive a personalized development program tailored to your voice type and level of vocal development.

No age limit—open to students and teachers.

All classes conducted in English.

Limited number of students accepted each year

Join us for an unforgettable summer of music and growth! This life-changing experience will impact you forever

barcelonafestivalofsong.com

www.ingramcontent.com/pod-product-compliance
Lightning Source LLC
Chambersburg PA
CBHW081421300426
44110CB00017BA/2338